鈍感な男 理不尽な女

黒川伊保子

幻冬舎

Part 1

女性脳のトリセツ
～女の機嫌をなおす18の処方箋

Part 2

男性脳と女性脳はなぜこんなに違うのか

はじめに　～女の機嫌のなおし方

女は、惚れた男にだけ、よく機嫌を損ねる生き物である。

なのに男は、女の機嫌をとるのが苦手だ。人に秀でた才覚がある男ほど、その傾向は顕著である。脳の信号処理が、目の前の女性の気分にチューニングするようにはできていないからだ。目の前の人の思いに引きずられて動揺する人は、世界観が作れない。

だから、彼女が少々嫌な顔をしても気づかない。少々悲しい顔をしてもわからない。女性の思いを察することは、本当に難しい。というわけで、女性の機嫌のなおし方がとんとわからないのは、男らしい男性の、正しい反応なのである。

つまり、愛のある女と、才覚のある男のベストカップルほど、「女の機嫌」につまずくことになる。

で、この本の登場である。

女の機嫌の悪さには、それこそ星の数ほどの理由があるが、その種類は、じつはそうたくさんあるわけじゃない。ということは、対処法は暗記できるくらい簡単なことなのである。

本書では、男性にとって不可解な女の機嫌の悪さの種類ごとに、18の処方箋をとりまとめてある。それとともに、女性がそこに至った経緯の予測をいくつか試みているので、ご自身のケースになぞらえてみてほしい。

とりあえずかけてあげるひと言には心が伴っていなくてもかまわないが、彼女がそこに至った理由を知れば、きっと女心のざらつきをわかっていただけるはず。そのとき、あらためて「たしかに、かわいそうなことをしたかもしれない」と思ってもらえればそれでいい。

「女房の愚痴にはまったく共感できないけど、それでも、優しいことばをかけてやればいいの？　心が伴ってないよ、嘘なんだよ」という男性も多いのだけれど、「それで気が済むのなら、優しいことばのひとつくらい言ってやってもいい」という気持ちがあれば大丈夫。

嘘でもいいから優しいことばをかけてあげれば、女性は癒される。癒された彼女を見て、後から優しい気持ちが追い付いてくるのであれば、それもまた真実のことばである。

本書の「女たちの18の不機嫌」を探すにあたっては、ライターの坂口ちづさんに手伝っていただいた。ともに50代、大学生と高校生の男子を育てる私たちは、「男性には悪気がないのに、女性が勝手に傷つくシーン」を山ほど数え上げることができた。

私たちの成果は、男性たちに気づきをあげられるとともに、女性たちの溜飲《りゅういん》を下げる効果もきっとあると思う。女性の皆さんも、どうぞ、本書をお楽しみくださいね。

この本が、世界中の男性の携帯辞書となって、世界中に男女間の安寧《あんねい》が訪れるといいなぁと願うように思う。ノーベル平和賞をもらってもいいくらいの一冊、かも（微笑）。

装丁●小口翔平（ｔｏｂｕｆｕｎｅ）
本文デザイン●二ノ宮匡（ニクスインク）
構成協力●坂口ちづ

Part 1

女性脳のトリセツ
～女の機嫌をなおす18の処方箋

case 1

「もう、いい。自分でする！」と突然キレる

処方箋

「そんなこと言わないで、やらせてよ」と明るく手を差し伸べよう。

女性脳は察してもらうことを楽しむ脳である

女性は、何かをしてもらうとき、相手が「察して」動いてくれることを無意識のうちに切望する生き物なのである。

全部言わなくてもわかってくれる、あるいは、言ったこと以上のことをしてくれる。それが、**女性にとっての「相手を大切に思ったときの自然な行為」**だからだ。

あるとき、私がオムレツの卵を割ってその殻を手に振り返ったとき、息子がゴミペールのペダルを踏んで、ふたを開けて待っていてくれたことがある。胸がきゅんとして「気が利くわね」と言ったら、「通りすがったら、母が卵を割ってたからさ」とさりげない。もともと私の息子愛は半端ないが、このときは、どど～んとボーナスポイントが加算された。

これこれこれ、これである。女の行動を把握して、さりげなく手を差し伸べる。真正面からの「愛してる」の何倍も、女心をつかんではなさない。

ただし、不言実行はダメ。女性はことばで癒される脳なので、ことばも必ず添えてあげてほしい。

嬉しいことに、優しいことばをかけてあげれば、案外、実際に手を下さなくてもいいことだってある。

「疲れてるの？　大丈夫？　僕が夕飯を作ろうか？」

「いいのよ。大丈夫、頑張れる」

なんてね。ただ、「じゃあ、やってね」と言われない保証はない。それは、あなたが選んだ女性の優しさの度合いによる。

女は曖昧な言い方で「愛」を試す

こうして、何も言わずとも察してほしい脳なのだから、**あからさまに「やってほしい」意思表示をしているのに、どこまでも気づいてくれない、となったら、女性はキレて「もう、いい！」と言いたくなってしまう**のである。

ただ、問題は、女性脳が「あからさまな意思表示」だと思っていることが、男性脳にとってはわかりにくい、ということ。

ため息をつきながら、お皿を洗う。これは、女性にとって「かなり、あからさまな意思表示」なのだけど、男性は気づかない。妻が風邪をひいて咳き込みながらお皿を洗っていても気づかない男性は、実際に過半数を超える。

男性からしたら、「言ってくれればいいのに」なのだろうが、**そこを言わずにやってもらうのが女性脳にとっての「愛」であり、暗黙の意思表示は「愛の抜き打ち試験」**なのだ。

そんなわけで、ものを頼むときも、わざと曖昧な言い方をする場合がある。

たとえば、夫に早くゴミ出しに行ってもらいたいとき。「今日のゴミ、案外、早く来るかもしれない」とつぶやくとかね。

このセリフには、（だから、早く行ってきてね）という括弧書きがついている。つまり、「今日のゴミ、案外、早く来るかもしれない（だから、早く行ってきてね）」である。

これは、**夫が括弧内に気づいてくれるかどうかの愛の試験**。もちろん、無意識のうちに、それをやってしまうわけだけど。

なのに、多くの男性は「今日のゴミ、案外、早く来るかもしれない（あなたはどう思う？）」と聞かれたと解釈するので、「そんなことないんじゃない？」なんて、無邪気に反論したりする。愛の試験に不合格してしまうわけですね。

しかも、「いや、絶対、早く来る」と感情的になりつつある妻に、「土曜日は毎回遅いじゃないか。しかも、雨で早かったためしはないし」と正論で切り返す。夫に察してもらえなかった女性は「大切にされていない」と感じて悲しくなり、「もう、いい。自分で行くからけっこう！」とキレることに。

男性にしてみれば、なぜキレられたのかさっぱりわからない。でも、女性脳のほうは「大切にされているかどうか」の試験に失敗したわけである。

こんなとき、そもそも察しの失敗をしている男性脳が、**相手が何を怒っているのかの原因を追求しても無駄である。「何、怒ってるんだよ」なんて聞くのもNGだ。女性にしてみれば、「私が何を怒ってるのか、わからないのが腹が立つのよ！」**なのだから。
そんなわけで、女性が「もう、いい。自分でする！」とキレたら、「そんなこと言わないで、やらせてよ」とにこやかに、さっさとやるべきことをやろう。

してほしいことがあるのなら、それを素直に言えばいい、わざと曖昧なことを言うなんて卑怯じゃないかと思うかもしれないけれど、そこが、女性が「大切にされている」と感じるポイントなのだから仕方ないのだ。女性も無意識のうちに、その試験をやってしまうのだもの。

逆に言えば、女性が察してほしいように察しさえすれば、女心は自由自在。それほどでもないのに、なぜかモテるという男性がいるでしょう？　彼らは、そこを押さえているのである。

姉が複数いる末っ子長男は自然にそれを体得しているようで、メーカーや行政の「女性活用推進」のキーマンになっている方に、その兄弟姉妹構成が意外に多い。

先日も、あるシンポジウムでご一緒した女医さんが、「婦長以下、看護師たちの女心をしっかりつかんでいる新人男性医師がいて、興味があって聞いてみたら、姉4人の下に生まれた末っ子長男なんですって」と、おっしゃっていた。もしかするとこれは、意外に大事な人事のコツかもしれない。

私自身は、私の大切な男子たちの「察しないこと」をはなっから許している。多くの場合、〝括弧の中〟を明確に伝えるし、ついしてしまった〝括弧書き〟を勘違いされたときも、「あ〜、そこにギアが入っちゃったか」と苦笑いするだけ。

私の周囲でそれを難なくこなすのは、弟や息子を持つキャリア女性たち。彼女たちは、男性たちから「デキる」と言われているし、年下の男子からも、本当にモテている。

というわけで、**男性は、姉たちのいる末っ子長男を、女性は、弟や息子を持つ働く女性たちを観察してみよう。**

電子機器のスペック確認には要注意

さて、「もういい！」には、別の文脈もある。

買い物や修理を頼んだとき、そのスペックを根掘り葉掘り聞かれると、面倒くさくなって、このことばがこぼれることも。

たとえば、先日、家電量販店に行くという夫に「旅先で、スマートフォンの充電器をなくしちゃったの。買ってきて」と頼んだとき。「ケーブルだけ？　充電器本体も欲しいの？」と聞かれ、（本体ごとなくしたに決まってるじゃん）とちょっとイラっとしながら、「全部、まるごと」と答えたら、「ケーブルジャックはひとつでいいの？　USBコードは？」とスペック確認の嵐。「ええい、面倒くさい。もういいわ！」となってしまった。

女性は、モノの構造や仕組みをざっくりと捉えているので、こういう確認がかなり負担なのである。「ホテルや新幹線で充電できればいいんだよね？」と、使い方で確認してくれれば嬉しいのに。もちろん、真剣にＩＴ機器や家電製品を買うときには、ある程度のスペック理解が必要なことは女性もわかっている。しかし、急ぎのときにはつい「もういい！」が。

頼んでいるのに逆ギレ……そんな理不尽な「もういい！」は本当にお気の毒だけど、それでも彼女に愛を伝えたかったら、「じゃあ、僕が適当に見繕ってくるね」と言ってあげて。その場合、買い物に失敗しても彼女には怒る権利はなく、そのことは冷静に伝えてください。

「だから、あのとき、スペックを確認したんだよ」

これが積み重なると、女性も、男性のスペック確認に、ときには真摯に応えてくれるようになるはずだ。

ふぅ、女というのは、かなり厄介な生き物であることよ。ｃａｓｅ１を書いただけなのに、紳士諸兄に深い同情を禁じ得ない。我慢して、以降もお読みください。

Point

・女は察してもらうことで愛を確かめたい生き物である。
・不機嫌な彼女に「何、怒ってるんだよ」は禁句。
・曖昧で何を言いたいのかわからない問いかけには、「～しようか？」「買ってこようか？」「行ってこようか？」と、とりあえず提案してみよう。

case 2

「好きにすればいいじゃない」と突き放される

処方箋

もちろん、好きにしてはいけない。
「そんなの、やだよ。
ちゃんと許してほしいんだ」と
甘えて食い下がってみて。

自分の思い通りにしたいときに出るひと言

女性脳は、相手が自分の言いなりになってくれることで愛を測る脳である。このセリフが出るのは、相手を思い通りにコントロールしたいとき。

「好きにすればいいじゃない」と突き放せば、この国の優しい男性たちは、ほとんど好きにはできない。**そのことがわかっていて言う脅し文句**なのだ。

本当は、彼の主張にも一理あることに気づいている。**理で争えば、負けるか平行線になる。だから、情で浴びせ倒す**のである。

「好きにすればいいじゃない」

あるいは、理のわからない相手を黙らせるときにも使う。思春期の子どもの屁理屈を、これでシャットアウトすることがある。いずれにしても、私自身は、このセリフを言う瞬間の自分は好きじゃない。卑怯だもの。

男性に対して、このセリフが頻出する女性は、残念ながら頭が悪い。理性が働かない自己中心タイプだ。伴侶にしたらかなり手を焼くので、覚悟したほうがいい。

だから、「好きにすればいいじゃない」と脅されても、本当に必要なことであれば、男はひるまずに実行すればいいと思う。これが度重なって別れに至るのなら、それもありじゃないだろうか。「好きにすればいいじゃない」が頻出する女性と生きていくのは、かなり大変だもの。**女の機嫌は、やたらとればいいってものじゃない。あえて、とらない戦略だってありだ。**

相手との関係によっては対処が必要

ただ、このセリフが**長い付き合いの彼女から、しみじみとした口調で出たときは、やはり対処しよう。**これは、たった一回でも最終通告に近い。

長らく、「こうして」と言い続けてきた彼女が、ある日「好きにすればいいじゃない？」と静かに口にしたら、「もうあきれた、あなたを見捨てる」というパフォーマンスだ。

このケースは、「そんなこと言わないでよ」「そんなの、やだよ。ちゃんと許してほしいんだ」と、**母親にこのセリフを言われた、素直な小学生男子みたいに食い下がるのが一番**。愛情が残っていたら、「じゃあ、たまには、私の言う通りにしたら？」と苦笑いしてくれるはずである。これに「うん、たまにはそうする」と答えたら、ふたりはまたやり直せる。

最悪なのは、ここで、黙り込んでしまうこと。

彼女がいい女なら、つい口に出てしまったこのセリフに、かすかに「しまった」と思っているはず。冷たく突き放すこのセリフは、引っ込みがつかないからだ。男性に黙りこくられてしまうと、このふたりの間にできた距離を、女性のほうからは修復できない。男性のほうで、距離を縮めてあげてほしい。

Point

・「好きにすればいいじゃない」は、相手をコントロールしたいときの脅し文句である。このセリフが頻出する女性には要注意。
・長い付き合いの場合は〝あきらめ〟がこもった最終通告かも。彼女との関係を続けたいなら、すぐに食い下がって。

case 3

「どうせ私なんか、どうだっていいと思ってるんでしょ？」とすねる

処方箋

「どうでもいいわけ、ないじゃないか」と、真剣に憤慨してほしい。

女性脳が「大切にされていない」と感じたときのセリフ

友達のAちゃんはクリスマスにブランド物のバッグをもらったのに、私はこれ?

元カノを褒めるなんて、どういうこと?

このセリフは、他人との比較で、卑屈な思いをしたときに出るセリフ。友達が彼氏に大切にされているのを聞いて、どうにも羨ましくなったとき、あるいは、元カノが自分よりきれいだったり格が上だったりしたのがわかって心が揺れたとき、女性は、自分の男にからんでしまうことがある。

「元カノの○○さん、美人だったんだ〜」

「まぁ、たしかに、きれいだったたな。皆に褒められた」

「ふ〜ん」

なんていう会話がまずあって、その場は収まる。ムカついているのはまさにそこなのだが、**実際にからんでくるのは、ずいぶん時間が経ってからの、全然別のことにつ**

いて（彼女が言った些細なことを覚えていなかったとか）なので、男性は意味がわからず、お手上げなのだ。

さらに、容姿やキャリアなど、恒久的に抱えているコンプレックスがあれば、一般論を展開しても傷つくことがある。

背が高い女優を「いいね」と言った、キャリアウーマンの知人とビジネスワードで話したなど、男性は「ちっちゃくて、専業主婦のかわいい妻」へのアンチテーゼになるなんて露ほどにも思っていないので無邪気に発言するわけだが、傍らで、ざらつくような気持ちになっていることも。

しかも、コンプレックスは、劣っているから持っているというものではない。ある程度イケている人が、もっとイケている人に対して持っていたりするものだから、当人でないと、コンプレックスのありどころは想像もつかないのである。

このため、「どうせ、私なんか」と言った彼女の、根本原因を追求してもたどり着けないし、わかったとしても、**そこは痛い場所なので、あえて言及しないほうがいい。単純に、「どうでもいいわけ、ないじゃないか」と憤慨してあげてほしい。**

このセリフの発端には、「この人に、一番に大切にされたい」という願いと、「私は一番じゃない」という悲しい思いがある。彼女を大切に思っていたら、そう思わせたことを悲しいと思ってほしい。

「何、わけがわからないことを言ってんだ」なんて、ムカつかないでね。愛しているから出ることばなんだから。

なぜ女は記念日を大切にするのか

ところで、記念日を忘れたことで、このセリフを投げつけられた男性もいるのではないだろうか。男性脳と女性脳では、記念日の意味が違う。そのことは、肝に銘じておいたほうがいい。

女性脳は、プロセス指向型。「成果」よりも「ここまでの道のり」に対して、意識が集中する脳なのである。

たとえば、ビジネスで客先とのトラブルが生じたとき。女性脳の中では、トラブルの状況よりも、ここまでの客先とのやり取りや、そこで生じていた軋《きし》みがクローズアップされる。したがって、「状況把握」や「当面の対応」よりも先に「そもそもの人間関係の歪《ひず》み」に気づくのだ。

それも大事なことだが、上司としては、トラブルの状況を客観的かつ端的に伝えてほしいのに、「そもそも3カ月前に、先方の部長がこう言ったんですよ……」と延々と経緯を話されて辟易することがある。男性上司には愚痴や言い訳にしか聞こえないのだが、これは「経緯の中に潜んでいる、本質的な問題をちゃんと伝えたい」という女性の誠実さの表れだ。

女性上司たちは、テンパって経緯を語り出す女性部下には、「わかった。経緯は後で聞くから、まずは状況把握からいこうか」と声をかけてやる。男性上司の皆さまも、これを覚えておいてくださいね。

さて、記念日に関しても、男性脳は記号論的かつ成果主義的だ。結婚記念日も家族や恋人の誕生日も、「何かイベントをしなきゃいけない日」にすぎない。「10周年」

「50周年」のような節目には、それなりに「ここまできたか」という思いがあるものの、7年とか13年くらいの半端な記念日は、とくに感慨はないはず。

しかし、プロセス指向型の女性脳にとって、記念日は来し方を思う大事な日。結婚13年目とは、13年分の思い出を紡ぐ日なのである。「13年か～。そういえば、あのとき、あ～だったなぁ、このときは、こ～だったし」なんてね。

このとき、**女性脳は「感情」で思い出を紡ぐ。今と同じ感情とともにある記憶を、芋づる式に引き出してくる**のだ。ここが、男性にとって、とてもとても大事なことなのである！

結婚記念日に、夫が自分を大切にしてくれて、満ち足りた気持ちになったら、「これまでの幸せな思い出」を紡ぐことになる。しかし、逆に夫が自分をないがしろにしたら、「これまでのムカついた、やりきれない思い出」を紡ぐことになる。

男と女の暮らしなんて、幸せを数えても、不幸せを数えても、どちらもたっぷりあるものだ。思いっきり思い出紡ぎモードに入っている**記念日に、優しい声をかけただけで、この結婚が「とても幸せな結婚」に思えてくる。反対に、ちょっとないがしろ**

にしただけで、この結婚が「とても不幸な結婚」に見えてくる。

天国と地獄に分かれるのだ。これからは、とても怖くて記念日を忘れられないでしょう?

記念日をより効果的に過ごすために

ここで、記念日を効果的に過ごす方法を伝授しよう。コツはふたつある。

ひとつ目は、前々から声をかけておくこと。2~3週間前に「今年の結婚記念日は土曜日だね。美味しいワインでも飲みにいこうか」なんて声をかけておけば、記念日までの間、女性はそのことばを何度も思い出して、ちょっと嬉しい気分になっている。どの服を着ていこうか、靴はどうしようか、美容院にはいつ行こうか……などと考えて、その度に、夫が自分を大切に思ってくれているようで嬉しい。

近未来の記念日に言及するたったひと言が、記念日へのプロセスを作り出すのだ。それが、プロセスを味わい尽くす女性脳に、絶大な効果をもたらすのである。

これは、普段のデートにも使える。「梅雨が明けたら、美味しいビールを飲みにいこう」「寒くなったら、ちゃんこを食べにいこう」とかね。梅雨の間中ずっと楽しみにしてきた女性脳は、梅雨明けの夕焼けを見ながらビールをひと口飲んだだけで、至福の境地に至る。

「そんなに楽しみにされたら、万が一約束が果たせなかったときが怖い」という男性も多いのだが、それがそうでもないのである。「楽しみにして過ごすプロセス」が実際のデートより重い、というのが、女性脳の不思議なところ。実際のデートが延期になっても、「いいよ、大丈夫。夏本番のビールはもっと美味しいし♪」なんて軽やかに許してくれる。

ふたつ目は、記念日の当日、来し方を語り合い、ねぎらいのことばをかけてあげること。派手なお祝いでなくても、「ああいうこともあったね、こういうこともあったね。いつも傍にいてくれてありがとう」と伝えよう。周年記念のときには、「きみの味噌汁を飲むのも30年になるね。おふくろのそれよりずっと長いんだな」なんて、しみじみ言ってみて。

来し方をともになぞらえてくれる男性を、女性は、どんなに愛しいと思うかわからない。記念日は、その効果を1000倍にするポイント加算デーなのである。利用しない手はない。

Point

・女性脳は「大切にされていない」と感じたことが積み重なっていくので、「どうせ、私なんか……」とすねる彼女のモヤモヤした気持ちを吹き飛ばすひと言を。

・過去（プロセス、積み重ねてきた日々）に愛着を持つ女性脳は、記念日が何よりも大事。記念日を忘れる＝私を大切に思ってくれていない、と感じてしまう。

case 4

「一緒にいる意味ないよね」と切り出された

処方箋

「バカなこと言うなよ」と返そう。続けて、「一緒にいるだけで意味がある。そんな相手はきみしかいない」ときっぱりと言いきろう。

女が「別れ」を切り出すセリフ

ずっと傍にいたのに、ずっと一緒に歩いてきたつもりだったのに、ある日、その人の人生から締め出されたように感じて、立ちすくむことがある。

一緒にいることの意味が見出せない。

女が、長い付き合いの男を見限るのは、そんな瞬間だ。

男性には想像もつかないかもしれないが、**女性が、誰かと一緒にいる意味を見失うのは、彼自身に起きた何でもないことを知らされなかったとき**なのである。

男は、経過を語らない。自分の人生に起きた出来事、しかも、まだ結果の出ていないことなんて、親友にさえ言わなかったりする。とくに妻や恋人には、心配をかけたくないから、いいことであれ、悪いことであれ、結果が出てから話そうとする。

しかし、女性脳のほうは、結果よりも経過を重要視する脳。大切な人の身体や心や人生の変化は、いち早く知りたいのである。

女性はそういうことを後から聞かされると、どんなに傷つくかわからない。たとえば、「背中がだるい」なんていう些細なことも。さらに「病気が見つかったけど、薬で治ったんだ」なんていう結果だけを知らされたら、「いつから悪かったの？　なんで言ってくれなかったの？」と悲しくなってしまう。

ましてや、他人から「彼、ここのところ、身体が悪かったじゃない？」なんて言われて知ったりしたら、「私はこの人の人生に、なんの意味もないんだ」と絶望してしまう。そうして、一瞬で、一緒にいる意味を見失ってしまうのだ。

一緒にいる意味が見出せない。

そのことばが出るとき、ふたりは喧嘩もしていないはずだ。ふたりが空気のように寄り添っていると感じているから、男は余分な話をしない。うまくいっていると信じている。**そんなある日、男に起こった何でもないような出来事を、女は後から知って絶望する。**……それだけ。

これは、怒りではなく絶望なので、かなり厄介だ。不機嫌をぶつけてさえもくれない。「どうしたの？」と聞いても、優しげに「別に」と答えるだけ。やがて、絶望が胸いっぱいに広がって、女は男を見限っていく。

ある時期、心寄り添っていたはずのふたりの縁が壊れるとき、女の胸には、多くの場合、こういう絶望がある。嫌いだから別れるなんて、絶望が壊す別れに比べたら、はるかに数が少ない。

「一緒にいる意味がない」と言ってくれるのなら、まだましかもしれない。もしも、大切な人にそう言われたら、**きっぱりと「意味？　バカなこと言うなよ、大ありだよ。きみを失ったら、どうやって生きていけばいいのか想像もつかない」などと言いきってほしい。**

本来は相性のいいふたりが、そんな脳のすれ違いで互いを失うのは、悲しすぎるから。

「結婚」が宙に浮いているカップルの場合、このセリフが出たら、男性は覚悟を決めたほうがいい。プロポーズするか、別れるか。プロポーズする気なら、「一緒にいるだけで意味がある。そんな相手は、きみしかいない」と言ってあげよう。

「離婚」が匂っている夫婦の場合も一緒。このセリフが出たら、男性は覚悟を決めるしかない。踏みとどまるか、別れるか。踏みとどまりたいのなら、やっぱり「一緒にいるだけで意味がある。そんな相手は、きみしかいない」と言いきろう。

このセリフを返したからといって、別れないで済むという確証はない。たぶん、彼女自身もそのセリフを言われるまではわからないと思うが、言わなければ完全に終わってしまう。試してみる価値はある。

7年目周期で訪れる夫婦の危機

ところで、離婚と言えば、夫婦にはある法則がある。**7年目、14年目、21年目、28年目に、夫婦の危機がやってくる**のだ。

私たちは脳の中に、「7」という特別数を持っている。認知のときにとっさに使う超短期記憶の場所が7つあるという人が、人類の大多数を占めているのだ。

私たちの脳は、目の前の事象を把握するとき、見聞きしたもの、あるいは感じたものの中から情報を切り出し、この場所にトントントンと放り込む。そして、それらを串刺しにして、意味を見出すのである。

たとえて言うならば、脳には「全体」を顕わすテーブルがあり、そのテーブルには7つの座席があるのである。座席が埋まれば、人はすべてが取り揃った感じがして安心する。つまり、〝新しい概念（世界観）を伝えるとき、7つの属性で表現すると腹に落ちる人〟の数が人類の大多数を占めるということだ。

そのせいか、和書・翻訳書を問わず、「○○の7つの法則」という本のタイトルは山ほどある。7つ道具、世界7大○○という言い方も世界中にある。ラッキーセブンに七福神……幸福は、洋の東西を問わず、7つの座席をいっぱいにしてやってくるらしい。冒険者は7つの海を越え、7色の虹を見る。歌姫は7つの音階（1オクターブ）で歌を歌う。

この7つの属性が時間幅のあるものならば、脳は「一巡した」と感じる。

たとえば、1週間。世界中が7日で1セット、すなわち1週間で暮らしているのは、キリスト教の神様が6日で世界を作り7日目に休息したからであり、ユダヤ教、イスラム教の神様も7日で暮らせと言っているからなのだが、この3つの宗教は同じ古代宗教に端を発しているので、揃っているのは不思議じゃない。けれど、仏教までが初七日、二七日……と7日を数え、四十九日で忌明《きあ》けとするでしょう?

時間幅で7年という一巡も、私たちの脳の中にはあるのだ。

離婚した人に「離婚を決心したのは結婚から何年目?」とアンケートをとったら、7年目、14年目、21年目、28年目にグラフの山が立ち上がる。転職経験者に「転職を決めたのは、前職に就いてから何年目?」という質問でも、同じことが起こる。

「優しいのが好き」だと思って結婚して7年目、なんだか一巡したような気がして、夫が優柔不断に見えてくる。なんてことが起こっても、脳の性質上は当然のこと。不思議じゃない。

この人じゃないかも……と思うのはお互いさまで、妻がそう思っているときは、夫にも浮気心が起こったりしている。がぜん離婚率が高くなるわけだが、**面白いことに、7年目をやり過ごせば、また寄り添える周期が戻ってくる。**

もしも今、結婚7年目（一緒に暮らし始めて7年目）の周期で「この人じゃないかも」と感じているのなら、つかず離れずの距離をとって、1年をやり過ごしてみてください。

Point

・「一緒にいる意味ないよね」は明らかに、別れを切り出すひと言。別れる気がないのなら、「一緒にいるだけで意味がある。そんな相手は、きみしかいない」と、くさいセリフも言う覚悟が必要。

・7年目ごとに夫婦の危機がやってくるが、それを乗り越えればまた愛しさが戻ってくる。

case 5

口を利いてくれない

処方箋

あまり気にしないでいいが、ひとつくらいは、いつもはしないサービスをしよう。

口を利かないことで不機嫌をアピール

前にも述べたが、女性は察してほしい脳の持ち主。恩に着せなくても、日ごろの女性のサポートに感謝してくれたり、ちょっとしたしぐさにはっとして、「大丈夫？」といたわってくれたりすることを願っているのである。

それが叶わないとき、さっさとことばで要求すればいいものを、「不機嫌」というかたちで不満を伝えて、あくまでも察してもらおうとする女性もいる。

察してもらえないから、不機嫌になる。しかし、男らしい男性脳は、その不機嫌にも気づかない。あるいは、あまりに理不尽な不機嫌さに、「相手にしていられない」と思って、放っておく男性もいるのだろう。いずれにせよ、不機嫌を明確に伝えるために、女性は口を利かないという暴挙に出ることになる。

あるいは、「してほしい」「しないでほしい」とお願いしたことが受け入れてもらえないときや、自分がよかれと思ってしたことを相手が受け入れてくれないとき。腹立ちを明確に伝えて、自分のやりようをゴリ押しするために、口を利かない作戦に出ることもある。

いずれにせよ、**あなたの大事な女性が口を利いてくれなかったら、「私は、不機嫌なんだからね」を伝えたい**のである。女性脳の望みは、相手に不機嫌にして見せたら、相手が不機嫌の発端となった「察してくれないこと」「やってくれないこと」「わかってくれないこと」を即座に察して、巻き返してくれること。

……なんだけど、それが難しい。男性の半分は何を怒っているのかわからないのだし、残りの半分だって、受け入れがたいものは受け入れがたいのだし。

というわけで、処方箋。

「口を利かない」なんてあまりにも卑怯なので、基本は放っておいてもいい。ただし、突き放すという意味じゃない。たとえ相手が口を利かなくたって、いつものように声をかけよう。**「行ってくるね」「ただいま」「ありがとう」「ごちそうさま」などは**

普段のままに。

そのうえで、**「不機嫌に気づいていて、なんとか機嫌をなおしてほしいとは思っている」ことを、さりげなくワンプッシュする**のが理想的だ。たとえば、彼女が好きなチョコレートを買ってきて、机の上に置いておくとか、特別なコーヒーを入れてあげるとか、いつもはしない家事の手伝いをしてあげるとか。

彼女のほうも、「大人気なかったかも」と和解のきっかけを待っているかもしれない。ぜひお試しあれ。

女にはどうしてもイライラしてしまう時期がある

ところで、男性から見て「意味がわからない不機嫌」の原因に、女性ホルモンのバランスの変化が潜んでいることも多いのに、気づいていましたか?

女性は、排卵の3日前くらいから、異性に対してイラついてしょうがない事態に陥ることがある。来る排卵に備えて、「妊娠する気のない相手」は排除しなければならないし、「妊娠したい相手」には積極的にからまなければならない。つまり、攻撃的な気持ちになるように作られているのだ。

また、生理の前後にも、貧血によって気分の乱高下が起こることがある。

さらに、生理周期に関係なく、甘いものをちょいちょい口にしている女性は、血糖値が乱高下しているので「はしゃぐ、落ち込む、イラつく」を繰り返す。

脳は、意識活動のすべてを電気信号によって行っている。電気信号は、エネルギーがなければ起こせない。脳の電気信号のエネルギーはブドウ糖のみ。ブドウ糖は、血糖というかたちで脳に電気信号を届けるのだ。

甘いものを食べると、血糖値が急上昇して脳の電気信号が活性化し、気分が高揚する。直後、血糖値を下げるホルモン（インスリン）が過剰分泌して、血糖値が急降下し、意味もなく落ち込む。やがて、血糖値を上げるためのホルモンが噴射され、その作用でキレるのである。

というわけで、排卵や生理の前後、そしてチョコレートやクッキーを口にしながらはしゃいだり、落ち込んだり、キレたりする女の子たちの、不機嫌の理由を探しても意味がない。

彼女たちは、何かあったから不機嫌なのではなく、脳が不機嫌な事態にあり、爆発する機会を狙っているのだからね。

「そこはかとなく不機嫌。口を利いてくれない」はおおよそこの状態にあるので、さわらぬ神にたたりなし。**言質《げんち》をとられないように、ことさら平常心でいよう。たまさか、地雷を踏んでしまっても放電させてあげればいいだけ。思いっきり叱られたり、泣かれたりしてあげてください。**

女性は、放電した後は申し訳ないと思い、かえって優しい気持ちになるものだから。女と生きるということは、これくらいのドラマはあるということだ。

ただ、これがずっと続くのはたまらない。甘いもののチェーン食いをする女性は、日ごろ気分が安定しないうえに、朝ご飯をきちんと食べていなかったり、動物性タンパク質が不足していたりするせいで、生理周期の気分の乱高下も激しい。

ちゃんとした食事ができる女性は情緒が安定しているし、いざ子どもを持つときにも、いい経過を見る。

男性たちは、甘いものをちょいちょい口にする女性、食事をないがしろにする女性には、基本、近づかないほうがいい。この本を読んでいる女性は、自分で自分を律しよう。

Point

・彼女が口を利いてくれなくても、普段通りに声をかけよう。
・彼女が好きなものを用意する、積極的に家事を手伝うなどして、「機嫌をなおしてほしいと思っている」ことをさりげなく伝えよう。
・女性は、ホルモンバランスの変化によって理由なくイラついてしまうことも理解しておこう。

case 6

「これするの、大変なんだからね」と口にする

処方箋

＞「きみのそれがあるから、僕はなんとかやっていける。いつも、本当にありがとう」と返そう。

真に受けてすぐに解決してはいけない

「こんなに大変」というセリフは、**「私がどんなに大変なことをしているのか、あなた、わかってないでしょ」の意味**である。したがって、いきなり「大変だったら、しなくていい」なんて決して言ってはいけない。彼女がしていることを、「しなくたって済むくらいのこと」だと言ってしまったことになるのだから。

たとえば、「毎朝ご飯を作るの、どんなに大変だと思ってるの⁉」と言われて、「別に、コンビニでいいよ」なんて返してしまったら、深刻なミゾを残す。「大変なのはわかってる。きみも働いているのに、早起きしてくれて。いつも感謝してるよ」が正解だ。

会社の女性相手でも一緒だ。ベテランの女性に「経理のとりまとめ、本当に大変なんです。みんな言うことを聞いてくれないし。期日は守らないし」と言われたとき、

「じゃあ、その辺の若い子に手伝わせれば？」なんて言ったら大事になる。「その辺の若い子でもできる仕事」だと言ってしまったことになるからね。

ベテランの女性に恨まれたら、本当につらい。仕事がことごとく滞り出す。なぜなら、ベテランの女性は男性の気づかない細かい仕事やリスクヘッジをこなしているからだ。

ここは、「○○さんじゃなきゃ、この部はまとまらない。ほんっと、いつも感謝してます」と答えるのが正解。改善案があれば、感謝の後にそれを言ってあげよう。

実家のお母さんも同じだ。実家で過ごすお正月、「おせちを作るの、どんなに大変だと思ってるの」と言われて、「ネットで取り寄せたらいいじゃん」なんて返してないだろうか？

あれは、誰もおせちに言及しなかったり、何時間もかけて煮た黒豆を誰も食べなかったりしたときに、がっかりして出ることばである。「大変だろうけど、母さんの黒豆がなきゃ、年が明けないだろう？」くらいのセリフは言ってほしい。

女性は、本気でそれをやめたかったら「大変なんだからね」という言い方はしない。いきなり代替案を突きつけてくる。「明日から、朝のトーストは自分で焼いて。ゆで卵は作っておくから」とか、「経理のとりまとめですけど、次回から、この規則に従ってもらいたいんです」というように。

男性の3倍の家事を自然とこなせる女性脳

さて、**家事のような、身の回りのとりとめのないタスクについては、男性脳は、女性脳よりはるかに認知度が低い**のを知っているだろうか。

男性脳は、長らく狩りをしてきた性なので、空間全体を素早く把握し、ものの位置関係を無意識のうちに測り、遠くから飛んでくるものに瞬時に照準が合うように視神経を使っている。意識しなければ、目の前のものを綿密に見ることはできない。目の前にあるのに気づかない、なんてことも、身に覚えがあるはずだ。

一方、女性脳は、見えるものをなめるように見る傾向があり、身近にあるものを自然に綿密に見つめて暮らしている。この能力のおかげで、赤ん坊のかすかな体調変化も見逃さず、食べ物の腐り具合を正確に判断してのけるのだ。このため、女性は、目の前にあるものを見逃すことがほとんどない。すぐ目の前にあるのに「テレビのリモコン、どこ?」なんて聞いてくる男性が不思議でしょうがない。

というわけで、**「身の回りのものごとへの無意識の観察力」については、男女脳ではゆうに3倍は違う**。ということは、家事なんて、男性が「自分は半分やっている」と思っても6分の1程度だったりする。「ゴミ捨て」ひとつだって、

①分別の仕組みを理解し、適正なゴミ箱を複数用意し、その置き場を考慮する
②ゴミ袋を補充する
③分別種類ごとの収集曜日を把握する
④分別して、ゴミ袋に入れる
⑤不快なゴミが、外から見えていないかどうか確認する

⑥袋に破れがないか、持ち手が汚れていないかチェックをする
⑦捨てる

の少なくとも7工程を経ているのだ。最後の「捨てる」を担当したぐらいで、「ゴミ捨ては、俺がやっている」というのは、ちょっとおこがましいかもしれない。

観察力の低い男性は、女性がやっていることをすべて把握できないので、当然感謝のことばもなく、やり過ごす（というより、見過ごす）。**この見過ごされている感に、ちょっとムッとした女性が口にするのが「大変なんだからね」である。**

なので、「専業主婦だから、当たり前だろ」とか「俺だって、大変なんだぜ」なんて身もふたもない言い方をしないで、**「そりゃそうだ。大変だよな、たしかに」と、相手をねぎらってあげてほしい。**そのねぎらいだけでほとんどの場合、気が済んで、明日からも3倍のタスクをこなしていくのだから。

そうそう、これは、ある会社の本当にあった話。

膨大な種類のプロ向けの素材を扱うその会社は、年に一回、カタログの更新をして

いた。その更新作業は、毎年、ベテランの女性社員ひとりが2週間ほどでこなしていたという。その女性が辞めるのをきっかけに30代の男性社員に託されたのだが、1カ月経っても更新作業が終わらない。結局新たにふたりの男女が加勢したのだが、さらにもう1カ月かかってしまった。ベテランの女性が淡々とこなしていた作業の膨大さに、一同、唖然としたという。

これほどでなくても、女性たちが日々淡々とこなしているとりとめのないタスクは、男性脳の想像をはるかに超える量や質だったりする。だから、ベテランの女性を敵に回すと、ことごとく仕事が滞るのである。どこがどうとはわからないのだけど、何もかもがうまく回らない、という感じになってくるのだ。

どうか、彼女たちの「大変」には、くれぐれも対応を間違えないように。「その辺の若い子にやらせれば?」なんて、あまりにも恐ろしすぎる。

Point

・「これするの、大変なんだからね」に対しては、「きみのそれがあるから、僕は毎日頑張れる」「いつも本当に楽しみなんだ」が正解。「別に、しなくていいよ」はNG。

・女性がこなす家事や仕事には「大変だよね。毎日ありがとう」と感謝のことばをかけて、ねぎらってあげよう。

case 7

うっすら不機嫌

処方箋

しばらくしてから、

「やっぱり、きみが一番」

「やっぱり、きみの○○が一番」

などとさりげなく言おう。

女性の心の中の〝さわるな危険〟

うっすら不機嫌は、責める権利もないのだけど、どうにも心にひっかかっている彼の言動に対して起こる現象だ。

たとえば、男性がテレビドラマの登場人物を評して、「このセリフ、格好いいよな」と言ったとしよう。そのセリフの主が、颯爽《さっそう》としたキャリアウーマンだった場合。傍らにいるのがキャリアに自信がない女性だったとしたら、心にわだかまりを抱えてしまうことがある。

彼はドラマの登場人物と彼女を比較して、彼女を貶《おとし》めたわけじゃない。そもそも、登場人物のキャリアを褒めたわけでもないし、キャリアウーマンを好きだと言ったわけでもない。当然、彼にはなんの非もない。しかし、**女性はときに、彼のなんでもない言動に勝手に劣等感を掻き立てられて、身の置き所のない気分になる**ことがある。

そんなとき、素直に「あなたは、こういう女性がいいの？　何それ！」とヤキモチを焼いてくれれば話は早いのだが、普通はそんなわけにはいかない。**自分の劣等感を見破られるのは悔しいから、知らん顔をする。そうして、うっすら不機嫌になってしまうのである。**

ほかにも、自分がプレゼントしたものをなかなか使ってくれないとき、料理持ち寄りのパーティで、自分の作った料理になかなか箸をつけてくれないのに、他人の料理をパクパク食べているのを見たときなどなど。責める権利もないし、責めるのも格好悪いのでそれもできないのだけど、やっぱりムカつく……というシーンは、男女関係では山ほどある。そんなときの「うっすら不機嫌」である。

自意識の強さは女性脳の基本機能

その構造上、女性脳は自意識が強いので、世の中の森羅万象がつねに自分に関わるような気がしている。

誰かが他人を褒めれば、「じゃぁ、私はダメってことね」と感じる女性は意外に多

い。だから、特定の誰かを褒めることは周囲へのセクシャルハラスメントになる可能性があるのである。企業のセクハラ防止教育では、「特定の誰かを褒めること」にも注意が喚起されているはずだ。

ちなみに、自意識が強いのは、女性脳に備えられた基本機能である。哺乳類である人類の女性たちは、妊娠中ならびに授乳中、著しく弱者になる。このため、何か事が起こったら「私たちはどうなるの？」と、とっさに自分と幼子のリスクを測るように、脳ができているのだ。**わがままだから自意識が強いのではなく、生殖本能の一部として、そういう能力を与えられているから**なのだ。

なので、女性の自意識が強いことをとがめられても、どうしようもない。そこは、大目に見てほしい。

女性の強すぎる自意識に起因する「うっすら不機嫌」。**男性にはなんの罪もないので、その理由を探っても探し出せやしない。**劣等感に起因する「うっすら不機嫌」の場合は、原因がわかっても触れないほうがいい。したがって、**まずは、しばらくそっ**

としておいてあげよう。

でも、「うっすら不機嫌」は、「私は、この人の一番じゃないんだ」という寂しさがこぼれた現象である場合が多い。**根治するには「やっぱり、きみが一番」というセリフしかない。**言いにくいようなら、「やっぱり、きみのカレーは最高」などというように、ものやしてくれたことで彼女を褒めてあげてもいい。

Point

・女性はわがままだから自意識が強いのではなく、自意識の強さは女性脳の基本機能である。
・「うっすら不機嫌」はしばらくそっとしておき、別の場面で彼女の料理を褒めたり、「やっぱり、きみが一番」などということばのプレゼントを。

case 8

「何もわかってない！」と責められる

処方箋

「ごめんな」と、即座にあやまる。

重ねて、気持ちを察してあげられなかったことをあやまろう。

「言ってくれればいいのに」は女を傷つける

女性は、ほとんどの場合、男性がしてしまったこと（あるいはしてくれなかったこと）よりも、自分の気持ちをわかってくれなかったことが悲しいのである。だから、**してしまったこと（あるいはしてくれなかったこと）をあやまる前に、気づかなかったことをあやまるのが極意。**

この極意、本当は「わかってない！」と責められる前に使うべきである。たとえば、「なんで、やらないわけ？」なんて言われたとき、「言ってくれれば、やったのに」なんてセリフ、あなたは返してない？

「あのとき、なんであんなこと言ったの？」と言われたときも、「嫌なら、言ってくれればいいのに」なんてね。**こんなときこそ、「気づいてあげられなくて、ごめん」を使おう。**

「言ってくれればやったのに」「言えばいいのに」は、男性はきっと親切で言うのだろうけれど、じつは、女性の好感度は意外に低い。以前、ある新聞社が行ったアンケートでは、「夫のムッとするひと言」の第2位に選ばれている。このときの1位は「誰のおかげで食えてるんだ」で、これはひどすぎる。となると、2位の「言ってくれればいいのに」が女性にとってどれだけ不評かわかっていただけるだろう。

その理由は、脳科学で説明できる。

女性脳の驚くべきリスクヘッジとは

女性脳は、察する天才である。右脳と左脳をつなぐ神経線維の束＝脳梁《のうりょう》が、男性脳より約20パーセントも太く生まれついてくる女性脳は、右左脳の連携が男性脳に比べて数十倍もいいのである。

右脳は感じる領域、左脳は顕在意識と直結してことばを紡ぐ領域。この連携がいいということは、感じたことが、顕在意識に上がりやすいということ。つまり、察しがいいのだ。また、感覚が言語の領域に直結しているので、ことばが次から次へと口をついて出るということでもある。さらに、自分の感覚をつねに意識するので、自意識も強く働く。男性たちから見た女の不可解さの多くは、この脳梁の太さが作り出しているのだ。

女性の察する能力は、本人の想像もはるかに超える。本人も無意識のうちに、大切に思う存在のわずかな変化に気づいている。そうして、知らず知らずのうちにリスクヘッジをしているのである。

以前、アンケートに答えて、こんなことを語ってくれた主婦の方がいた。——ある日、買い物に行ったら、風邪薬と目が合ったんです。そう言えば、もう何年も風邪薬を買ってない。風邪薬にだって使用期限があるわよね、と思い、あまりに気になるから買って帰ったら、その日に限って、家に帰ってきた家族が「母さん、風邪気味なんだ、風邪薬ない？」って言ってきました。何年も、そんなセリフを聞いたことがないのに。すごい偶然ですよね。

もちろん、偶然なんかじゃない。この方の脳は、朝、家を出るときの家族の体調変化を、無意識のうちになんらかキャッチしていたのである。そうして、風邪薬に目が留まったのだ。風邪薬でなくても、同様のケースで、夕飯のメニューが自然に家族の体調を整えるためのそれに変わっている主婦の方もたくさんいるに違いない。

なんとなく気になる、というのが、女性脳のリスクヘッジのトリガーである。潜在意識が気づくことは、顕在意識に伝わることの何百倍、何千倍にも及ぶ。それらをすべて顕在意識にキープしてしまっては処理しきれないから、意識に触れるか触れないかのわずかな気づきを潜在意識と顕在意識の間に漂わせるようにしていて、次なる刺激があったときに、一気に浮上させるのだ。

とはいえ、あらゆることにこれだけの意識処理は不可能なので、大切に思うものに集約して、この方法を使う。

そう、それはまるで**脳の中にパラボラアンテナがあるようなもの**。大切に思うものに対しては、それが人であれ、仕事であれ、趣味であれ、信条であれ、つねにこの「意識のパラボラアンテナ」を向けていて、わずかな情報をもキャッチする。たとえ、目の前にいなくても。

この察する能力で、女性たちは家庭でも職場でも、大切に思うものを無意識のうちに守り抜いている。
だから、**女性たちは、ごくごく素直に、大切にする＝察することだと思い込んでいるのである。**

当然、夫が自分のことを大事に思っているのなら、少し疲れた顔をしたら「大丈夫？」と案じてくれ、言わなくたってお皿くらい洗ってくれるだろうと期待する。あるいは、無神経な言動に少し嫌な顔をしたら、「嫌だったの？ ごめん、ごめん」とあやまってくれるとか。ところが、そんな奇跡はとんと起こらないのである。

理由は簡単だ。**男性脳は、察するためには作られていない。**男性脳の役割は、獲物を獲り、縄張り争いに勝つこと。目の前の細かいことにいちいち動揺していては危ない。

さらに、生殖戦略においても、察しないほうが勝ち。哺乳類は、オスとメスで生殖リスクが圧倒的に違うので、その戦略は真逆だ。メスは、視覚・聴覚・嗅覚・触覚などから入ってくる情報から相手の遺伝子情報を読みとり、生殖相性のいい相手を厳選して発情するが、オスのほうは、ばらまく戦略。すなわち、男性たちは目の前の異性のあら探しをせず、相手が発情すれば、つられて発情するくらいの鷹揚《おうよう》さがある。

というわけで、あら探しなんかしない**男性は、髪型を変えても気づかないし、多少の「疲れた顔」や「嫌な顔」にも気づかない。これは、愛情の欠如ではなく、男性脳の優しさ**なのだ。

女性を癒す魔法のことば

というわけで、察しないことは仕方ない。それは、男性脳の機能にないのだもの。

しかし、だからと言って、**「言ってくれればやったのに」「言ってくれればいいのに」は、言ってはいけない。察することを放棄するこれらのことばは、女性をざらつくような気持ちにさせる。**この人は私の気持ちを察する気なんて、さらさらないのだわ、と、絶望させてしまうのだ。

女性は「やってくれない」ことが悲しいのではなく、「察してくれない」ことが悲しいのである。その証拠に、察してさえくれれば、それで済むことだってけっこうある。「疲れているみたいだね、大丈夫？」と声をかけてくれたら、「大丈夫」と答えて、元気を取り戻して台所に立つ女性も多いはず。なのに、何も言わないでのうのうとテレビを観ているから、「共働きなのに、なんで私だけ⁉」と腹が立つのだ。

女性は「察してくれないこと」が悲しいのだけど、当面腹立たしい「やってくれない」ことで責め立ててくる。男性のほうはこれに応えて、「やらなかったこと」の言い訳に、「言ってくれれば」と言ってしまうのである。これが火に油を注ぐ。

今日から、ここを変えよう。やらなかったことじゃなく、察しなかったことをあやまろう。

つまり、「気づいてあげられなくて、ごめん」と言えばいいのである。そうすれば、そもそも「わかってない！」なんて泣かれる修羅場にまで至ることがない。

「気づいてあげられなくて、ごめん」は、察してあげたい気持ちを伝えることばなのだ。察することを放棄する「言ってくれればやるのに」とは雲泥の差がある。前者は天国へのパスワード、後者は地獄へのパスワードと言ってもいいくらい。

考えてみれば、日常的に「愛してる」を言わないこの国で、**「気づいてあげられな**

くて、ごめん」は、**最高の愛の言葉**だ。「きみの気持ちを察してあげたい」を伝えることばだからね。女性脳にとっては、**「きみを大切に思ってるよ」と同じ意味に響く。**

まるでプロポーズの言葉みたいでしょ。使わない手はない。

Point

・大切にする＝察することだと思っている女性に、「言ってくれればやったのに」は使ってはならない。

・女性は、やってくれなかったことよりも、察してくれなかったことが悲しいのである。「気づいてあげられなくて、ごめん」「女心に疎くて、すまない」などと、気持ちに対してあやまろう。

case 9

「あなたって、どうしてそうなの？」と答えようのない質問をする

処方箋

「嫌な思いをさせたね、ごめん」とあやまろう。

「どうして？」は理由を聞いているわけではない

「あなたって、どうしてそうなの？」は、男性が、無神経な言動を繰り返したときに出るセリフ。何度も「これ嫌なんだよね」「やめてね」と注意したことを、漫然と繰り返されたときに、絞り出すように出てくるセリフだ。

当然、「どうして」に答える必要はない。「なぜ、僕がそれを繰り返すのか」を理詰めで説明したら、きっと逆ギレされるはず。女性は不思議なことに、「どうして？」**と聞きながら、その「どうして」を知りたいわけではない**のである。

答えようのない質問は、相手が答えに窮して、平あやまりするのを誘う意図。つまり、平あやまりしてほしいだけなのだ。

「食べてくるときは、6時までに電話してよ。夕飯が無駄になっちゃうから」とか「靴下をリビングに脱ぎっぱなしにしないで」とか「トイレの便座を上げっぱなしにしないで」などなど、彼女が決めたルールをさんざん破ったあげくに、投げかけられるこのセリフ。

というのも、女性脳は、「してくれない」度にマイナスポイントを加算していく癖がある。毎回文句は言わないが、このマイナスポイントが閾値《いきち》（状態が劇的に変化する分岐点のこと）を超えると、キレてしまう。昨日まで同じことをしても見逃してくれていたのに、「今日は急にキレて、収拾がつかなくなる」のはそのせいだ。

そして、マイナスポイントが溢れそうになってくると、女性には答えようのない質問をしてくる癖がある。つまり、**「あなたって、どうしてそうなの？」は、「もう一回同じことをしたら、キレるからね」の合図**なのだ。いったんキレてしまうと、あやまってもしばらく収拾がつかないので、ここでスッキリあやまっておくのが、なんと言っても得策である。

その場合、しなかったことをあやまるのではなく、嫌な気持ちにさせたことをあやまるのが極意。つまり、「便座を下げなくてごめんね」ではなく、「何度も嫌な思いをさせてごめんね」が正解だ。

"してしまった"理由の正当性は関係ない

「こと」ではなく、気持ちに対してあやまる。これは、ほかにも応用できる。

たとえば、待ち合わせに遅刻したとき。「こんな雑多な場所に、15分も待たせてしまってごめん。心細かったよね」のように。遅れてしまった「こと」じゃなく、待たせていた間の彼女の気持ちにあやまるのである。

男性の多くは、「なぜ遅刻したのか、それがどれだけ仕方なかったか」を言い募りがちだ。もちろん、男同士ならそれが大事。男性脳はゴール指向型なので、「ゴールできなかった理由」が正当なら、それで脳は100パーセント納得する。

しかし女性が聞きたいのは、気持ちへのいたわりであって、それを作ってしまった原因がどれだけ正しいかではない。遅刻の理由がどんなに正当でも、「心細かった気持ちに無頓着」は許せないのが女心なのだ。

最近は携帯電話があるから無頓着じゃないふりができて、ずいぶん男性は助かっているけれど、**「メールを打つ暇があったら、1秒でも早く行ってあげたい」と走るより、立ち止まって「ごめんね」メールを打つほうが誠実だと思われる**事実は、男性たるもの、知っておいたほうがいい。

Point

・「なんで?」「どうして?」など、女性脳には答えようのない質問をする癖がある。キレる前にスッキリあやまっておくのが得策。
・このとき、彼女は理由を聞いているわけではない。嫌な気持ちにさせてしまったことをあやまろう。

case 10

「仕事と私（家族）、どっちが大事!?」とからまれる

処方箋

「きみに寂しい思いをさせたね、ごめん」とあやまろう。

〝どっちも大事〟では納得しない

「仕事と私、どっちが大事!?」「友達の付き合いと私とのデート、どっちが大事なの」は、寂しさのあまりにこぼれるセリフである。けっして、**仕事や友達がどうでもいいなんて思っているわけではない**。

これも、前節の「どうしてそうなの」と同様、答えようのない質問だ。大多数の人が使う、一般解はある。「もちろん、きみが大事だよ。でも、きみを大事にするためには、仕事も大事だよね?」という、〝どっちも大事〟。

でも、これを言われて「あらま、そうよねぇ」と笑顔になる女性がいるわけがない。昨今の就職難を思えば、「仕事が大事」は百も承知。そのうえで、寂しさのあまりにこぼれたセリフなんだもの。「そんなのわかってるよ」と、情けなくて泣きたくなるだけだ。

といって、「もちろん、きみだよ」と答えても、しらじらしいと思われるだけ。「仕事に決まってるだろ」なんて、冷たいことを言えるわけもない。

これ、本当に出口がない質問だ。しかし、女性は、不思議なことに「どっち？」と聞きながら、その**「どっち」を知りたいわけではない**のである。

前節でも言ったように、**答えようのない質問は、相手が答えに窮して平あやまりするのを誘う意図。つまり、平あやまりしてほしいだけ**なのだ。

「あなたって、どうしてそうなの？」と同様、この質問も、「もう耐えられない。もうすぐキレるからね」の合図。ここでしっかりあやまっておかないと、キレて手がつけられなくなるのも時間の問題である。

その場合、**仕事の重要性を主張するより、寂しい気持ちにさせたことをあやまるのが極意。「寂しい思いをさせて、ごめん」「情けない思いをさせて、ごめん」**というふうに。

子どもにも使えるひと言

これは、子どもたちにも効く。娘のピアノ発表会に行けなかったお父さんも、「寂しい思いをさせてごめん」と、娘に声をかけてあげてほしい。「父さんも、行けなくて寂しいよ」と。そのほうが「仕事だから仕方ない」と主張するより、**仕事の大切さが伝わるし、かつ、家族をいかに大事に思っているかも伝わる**。

父親の背中が誠意を語るってこともあるけれど、如何せん、わかりにくい。ことばにしたほうが伝わるときは、ぜひことばにしてほしい。

Point

・「仕事と私（家族）、どっちが大事⁉」に対して、〝どっちも大事〟ではダメ。
・女性は「どっち」を知りたいわけではない。もちろん、仕事が大切なのもわかっている。寂しいからかまってほしいのである。

case 11

アドバイスしていたら、逆ギレされた

処方箋

「きみの気持ちは、痛いほどわかるよ」と声をかけよう。

アドバイスではなく共感してほしい女性脳

女性脳は、何よりも共感を求めている。**話を聞いてくれて、共感さえしてくれればOK。ほとんどの場合、夫や恋人に問題解決なんか期待してはいない。**

問題解決を求めている場合は、明確に「どうしたらいい?」と聞いてくる。しかし、その場合も、先に共感をしてあげることは不可欠だ。

つまり、女性が人間関係のトラブルや愚痴を語り始めたら、「そりゃあ、ひどいね」「きみは、正しい」「よくわかる、その気持ち」と**共感のあいづちを打ちながら、ひとしきり話を聞いてあげるのがマナーなのである。**

間違っても、いきなり「相手の言うことにも一理ある」「きみも言い方が悪いよ」なんて公平な評価をしてはいけない。女性がパートナーに期待しているのは、中立の評価者なんかじゃない。えこ贔屓して「よしよし」してくれることなんだから。

でも、誰かが思う存分えこ贔屓してくれたら、「私も、悪かったかも」「こうしてあげればよかったかも」という気持ちになるのが、かわいい女性脳なのである。

重ねて言うが、**女性との対話はそれが「相談」のように聞こえても、「まずは共感、次に共感共感、そして最後にアドバイス」が基本のリズム**だ。

問題を抱え、不安や不満を感じ、共感を期待している女性脳にとって、**「公平にジャッジし、有用なアドバイスをする」ということは、「ただ共感してほしいのに、ことごとく私を否定する」ということにほかならない**。このため、女性は「あなたったら、いっつもそう！　私の言うことなんかちっとも聞いてくれない」とキレることになってしまう。

というわけで、「アドバイスしていたら、逆ギレされた」ら、明らかに共感不足である。立ち止まって、相手の気持ちに共感するところからやり直さなければ。「きみの気持ちは、痛いほどわかる」と、すっと共感モードに入ってください。

親切のつもりが仇《あだ》になり、せっかくの親身なアドバイスに逆ギレされる……男性にとっては、あまりにも理不尽なこの怒り。しかし、女性脳にも女性脳の事情があるのである。

女性脳の共感欲求は、男性脳の想像をはるかに超える。「共感」は女性脳にとって、知的行為の核だからだ。

些細なことでキレる女性はひとりもいない

「女は、過去を蒸し返す」ことはご存じだと思う。

些細なことでキレて、今、目の前のことに直接関係するとも思えない過去のことまで引きずり出して文句を言う……男性脳からしたら、そう見えるかもしれない。

理由は簡単。**女性脳は、過去の関連記憶を一気に思い出す天才**なのだ。

哺乳類のメスは、生殖リスクが高い。命がけで生み出し、産後も自らの血液を母乳というかたちで分け与える。中でも人類は、幼体が成体になって自立するまでにもっとも長い時間を要する種。一生涯に残せる個体数が少ないので、最初の子育てから失敗するわけにはいかないのである。

そのため、**「初めてのトラブル」にも対応できる臨機応変力**を手に入れた。それが関連記憶を一気に引きずり出す力だ。

たとえば、子どもが熱を出した、どうしよう、なんていうとき。何カ月も前に公園で立ち話したママ友達の話を思い出したり、何年も前に観たテレビのワンシーンを思い出したり、ずっと昔、自分の幼い弟妹に母親がしていたことを思い出したり。

そのようにして**関連記憶を取り揃え、ときにそれらを串刺しにして、初体験のトラブルにもなんらかの初動がとれる、というのが、女性脳に搭載された基本機能**なのである。

何十年も前の記憶を一瞬で思い出すことができるのは、これらの記憶が、そのときの情動（心の動き）をキーにしてしまわれているから。似たような情動の下にある記憶を、一気に持ってくるのである。

つまり、「子どもが熱を出した、どうしよう」という情動がトリガーとなって、同様の情動とともにある記憶が、芋づる式に引き出されてくる。それは時系列でも、検索頻度順でも、価値の高さでもないため、「何十年も前の、今まで思い出したことがないような記憶」まで、一瞬のうちに持ってくるのが可能なのだ。

この能力によって、女たちは、初めての子育てもなんとか乗り越える。素晴らしい才能なのだが、男性から見たら、厄介な副作用があるのは否めない。**夫や上司が何か無神経なことを言ったら、過去の無神経な発言をすべて一瞬で思い出す**からだ。

だから、女性は、「今の些細な一回」に腹を立てているわけじゃない。過去の無神経な出来事のすべてに傷ついているのだ。

しかも、この方式で引き出された記憶は、臨場感たっぷりに「再体験」するかたちで脳裏に展開される。男性にしてみたら何度もあやまったことかもしれないが、今ここでもう一度傷ついているので、もう一度あやまってあげてほしい。

女は些細なことにキレると男たちは言うが、**古今東西この星の上で、些細なことでキレた女はひとりもいない**。

というわけで、**目の前で大切な女性がキレたら、これはもう、真摯にあやまるしかないのである**。脳科学上。この本の意義も、ここに尽きる。

厄介だと思うかもしれないが、この女性の能力で、幼い子どもたちも、老いた親たちも、会社も社会も、あなた自身も守られているに違いないのだから。

女性には無駄話という時間はない

さて、このように、「情動（心の動き）」の見出しがついた「記憶」が、後に知恵となって利用可能になるわけだが、その中には「他人の体験談」や「見聞きした知識」も含まれる。自分で体験したわけでもないのに、情動が付加される。なぜだか、わかりますか？

答えは、共感するから。

「おとといの晩、息子が熱を出して、どうしたらいいかわからなかったの。本当に怖かった」という世間話に「わかる、わかる。赤ちゃんが真夜中に具合が悪くなるのは、本当に心細い。怖いよね」と**共感して聞いたとき、相手の体験談にも「情動」の見出しがついて脳内にしまわれる**。後に、同じ情動が起こったとき、この意識が脳裏に展開され、**他人の経験さえも自分の初体験に活かされる**のである。

男性たちはよく、「女性は、転びそうになって転ばなかった話、とかするよね？　あれって、意味があるの？」と言う。

確かにゴール指向型の男性脳にしてみれば、何も起こらなかった話は意味がない。しかし、女性にはちゃんと意味がある。

「今朝、ハイヒールのつま先が駅の階段の滑り止めにひっかかって、こけそうになった。ぞっとしたわ」という話を、「わかる～、あの駅の滑り止め、かえって危ないのよね。そういう尖ったつま先だととくに」なんていうふうに共感して受け止めると、この体験が自分の実体験のように脳裏にしまわれる。そして未来に、似たようなハイヒールで駅の階段を下りるとき、この知識が脳裏に浮かび、自然に手すりの近くを下りたりしているのである。

女性は、おしゃべりによって、暮らしに役立つ潜在情報を交換している。「しようと思ってできなかった話」にさえも意味がある。共感によってそれを脳裏にしまい込み、何十年経ってもみずみずしく引き出して、自分自身や大切なものを守る手立てにするのだから。

したがって、**女性には、無駄話という時間は１秒たりともない**のである。

このように、女性にとって「共感」は知的行為の核であり、脳は知的行為を旨《むね》とする器官なので、女性脳は「共感」を尊ぶ。共感すれば知識が増えて嬉しいし、共感してもらえば、自らの知識が有用なのがわかって、また嬉しい。

そのような深い理由で、女性脳は共感欲求が高いのである。単にちやほやされたくて、共感を求めているわけじゃない。

というわけで、女とともに生きると決めたら、女性脳を潤滑に動かすために、日々の暮らしの中で「ほどよき共感」をしてやる必要がある。**女性脳とは、共感によって初めて正常に機能する脳**だからだ。

ちなみに、共感のない会話が展開されると、女性は脈拍が上がり、冷や汗をかく。心臓や脳に疲労物質がたまって、免疫力さえ下がるのである。共感は、女性の健やかさにも関わってくる。どうか、心して共感してあげてね。

共感より問題解決が最優先な男性脳

一方で、男性脳のほうは、共感にそれほどの意味は見出せない。

こちらは、長らく狩りをしてきた性なので、「素早く目的を果たす」ことを旨とする。**明確なゴール設定があり、最短距離・最短時間・最小コストでそこにたどり着くことに快感があるの**だ。いつ使うかわからない「転びそうで転ばない」話などに、悠長にあいづちを打っている暇などない。

問題が生じれば、気持ちを味わい、その気持ち（情動）とともにある関連記憶を引き出してよりよい対処法を探ろうとする女性脳に対して、問題が生じれば、気持ちを確かめる前に、問題解決の演算が始まるのが男性脳だ。

女性はトラブルを抱えたとき、したいのは「気持ちの確認」、してほしいのは「共感」である。私的空間で大切なものを守るために、この方法がもっとも有用だからだ。

しかしながら、男性はトラブルを耳にしたとき、つい、最短時間で問題解決を図ろうとする。しかも、できるだけ感情論を抜きにして。主観を抜きにして普遍の答えを出すことは、「狩り」のような命がけの共同作業をする際に、もっとも有用なことだからだ。

どちらも、それぞれの役割において必要な演算を脳がしているだけなのだが、これが、男女のすれ違いを引き起こす。**いざトラブルが起きると、「気持ちを言い募る」女性と、「気持ちをできるだけ切り離して状況を分析したい」男性に、真っ二つに分かれてしまう**からだ。

女性からトラブルの話を持ちかけられたとき、男性は、感情論をできるだけ排除して、普遍の答えを導こうとするが、それでは共感などできない。「共感」を得られない女性は、気持ちの確認に失敗し、関連知識が引き出せないから対処法が探り出せず、ますます混乱する。そんな苦しい会話の果てに、逆ギレがやってくるのだ。

せっかくアドバイスしているのに、逆ギレされた。100パーセント女性が悪いと思っていた男性も、そうでもないことに気づいていただけましたか？

というわけで、**どんなアドバイスよりも「共感」が、女性に「腹落ちの答え」をもたらす**ことを覚えておいてほしい。うっかり、アドバイスに夢中になって逆ギレされたら、共感モードに戻ること。

ただ、女性にも、男性のもたらす「感情を排除した、公正な対処法」は、ときにとても有用であることを知ってほしい。

ムカつくかもしれないが、従ってみると「混沌とした事態」に見えていたトラブルが、シンプルに氷解することがある。とくに、会社などの社会的組織においては、こちらのほうが有用である確率がずっと高い。

でも、なんとか感情を押さえて会社で「公正な対処法」を施した後、夫や恋人に「感情を慰撫してほしくて」トラブルの話をしたのに、またもや共感を得られず「公正な対処法」を言い募られたのでは、これはもう逆ギレするしかない。産業社会の中では、女はつらいよ、なのである。

男性たち、どうぞ優しい愛の「共感」を。

Point

・女性が愚痴やトラブルを語るときは、とにかく共感してほしいのだ。共感のあいづちを打ちながら、ひとしきり話を聞いてあげよう。

・「きみも◯◯が悪い」と公平に評価したり、「で、結論は?」「要するに」と話の腰を折ったり、感情を排除して問題を解決しようとしてはいけない。

・女性にとって「共感」は知的行為の核であり、他人の経験さえも自分の初体験に活かされる。

case 12

急に不機嫌になって、取り付くしまもない

処方箋

「どうしたの？」と聞いてみて。
「不器用だから、
嫌なことがあったら言ってほしい」と
真摯に言ってみよう。

デート中の無神経な行動に注意

仲良くデートしているのに、特段悪いことをしていないのに、急に不機嫌になって取り付くしまもない……思いもかけない言動が裏目に出ることは、男女の間では多々あること。きっと、あなたの態度やことばが、彼女が期待するようなものじゃなかったのでしょう。

たとえば、デートの最中に気持ちが冷える「あるある」。女の子たちの弁によると、「デートの最中に気持ちが冷える」トップは、レストランのテーブルに着くとき、彼女が座るより前に、どっかと座ってしまうこと。しかも、本来なら女性を座らせる上席のほうに。

レストランに入ったときは、女性が席に着くのを見守ってから、座る。これは、エスコートの基本だ。椅子なんか引かなくてもいいから、**彼女が無事に座るまで、優しく見守ってから座る。そのとき重要なのは、そのテーブルで一番居心地のいい席に彼**

女を導くこと。奥と手前があるのなら奥。窓際に並んで座るようなタイプのテーブルの場合は景色のいいほう、厨房が見えないほうなど、居心地のいい側をチョイスして。まったく優劣がわからない場合は、相手に「どっちがいい？」と聞いてもいい。

若いカップルに人気があるレストランに行くと、壁際の席がみんなカップルなんていうことがある。そんなとき、隣のカップルの男子がそれをやっているのに、自分の彼氏は奥の席にどっかと座って、自分を見てもくれないとなったら、これはかなり気持ちが冷える。女の子によっては、初デートでそんな目にあったら二度目のデートはないかも、という子も多いくらいだ。

男子の皆さま、気をつけてね。


さて、こんなとき、説明するのも情けないから、女性たちは何も告げずに不機嫌になってしまう。理由を聞いても「別に」と言って教えてくれない。これが、男性からしたら、「わけもわからず、急に不機嫌」に見えるわけだ。

これに似ている女性たちのクレームに、一緒に歩くとき「車道側を歩かせる」「早足で、どんどん先に行ってしまう」というのもある。**歩くときは自分が車道側に立ち、彼女の歩く速度に合わせて歩くのは、紳士の基本。**また、ハンドバッグ以外の**大きめの荷物を持っていたら、「持とうか?」と聞くのも当たり前**だ。これをし損ねたとき、「わけもわからず、急に不機嫌」の目にあうかもしれない。

男性の言動にがっかりしていることも

さらに、プレゼントやことばが自分の期待通りじゃなかったとき、女性たちはがっかりするあまり、急に不機嫌になることがある。

私の実例で言えば、デート中のあま〜い雰囲気の中、恋人に「私のどこが好き?」と聞いたとき、「きみといると楽だから」と答えられてがっかりしたことがある。

後に男女脳の研究をして、男性にとって「一緒にいて楽」な女性は稀有なので、かなり点数の高いことであり、結婚の決心にもつながる大切な要件であることを知ったのだが、若き日の私はそんなことは知っちゃいなかった。

今となっては、そのときの自分が何を期待していたのか思い出せないが、たぶん「きみの声がたまらない」とか、「きみの笑顔が好きだ」とか、そういう感じの褒め言葉が欲しかったのだと思う。

「楽だから」なんてひど〜い、と涙まで出たから、その日のデートの後半は散々だった気がする。

こうして急に不機嫌になったときは、彼女の側に「大切にされていないがっかり感」がひしひしとあるわけだから、「どうしたの?」くらいは聞いてあげよう。多くの場合、「別に」と突っぱってくるのはわかっているのだけどね。

で、**間髪入れずに「僕は不器用だから、どうしてほしいか言ってほしい」と言ってあげれば、彼女も「レストランでは、奥の席に座らせてね」みたいに素直に言えるはず。**

女の機嫌をとるのなんて、みっともないから絶対にしたくない、という男性もいるだろう。

けれど、**「急な不機嫌」の理由は、ほとんどの女性が共通に嫌がる無神経さである場合が多い。**一回素直に尋ねてみたら、後々の役に立つ。男を上げるエクササイズだと思ってやってみて。

Point

- 女性の急な不機嫌は、男性の無神経な言動による場合が多い。
- レストランで先に奥のいい席に座った、さっさと自分だけ注文した、車道側を歩かせた、ハイヒールなのにずっと歩かせた、いつも自分の観たい映画を優先するなど、きっかけは必ずある。
- どうしてほしいのかを素直に聞き、女性の要望は任務（仕事）と心得よう。

case 13

勝手に電話を切る

処方箋

とにかく、かけ直す。
「どうして、かけてくるのよ！」と
噛みつかれたら、
「きみの声が聞きたかったから」と答えよう。

女が理不尽なことでからんでくるわけ

さまざまな理由で、電話中に女たちは傷ついて、いきなり電話を切る。多くの場合、男からしたら理不尽な理由なのだけど。でも、**些細なことで腹が立つということは、愛していると同義**なのだ。脳の回路の中では、「いらっ」と「むらっ」は、ほぼ同じ現象。どちらも神経に触るってことだからだ。

こんなとき、男性側も腹立たしいし面倒くさいから、そのままにしてしまいたいだろうけれど、ここは、とにかく、急いでかけ直してほしい。

何せ、女性のほうはほぼ１００パーセント、かけ直してくれることを期待しているのだから。その行為によって、愛を試していると言っても過言ではない。

ただし、すぐにかけ直して同じように切られたら、少し時間を置こう。彼女の脳がクールダウンして、「二度切りはさすがに怒らせたかも」と不安になるくらいの時間があったほうがいい。

女性は、理由もなく恋人に電話をかけて、からんでみたくなることがある。普通に電話している最中に、そんな気分になるときがある。発情している女性は、ときにとってもいじわるなのである。

じつは、この突発的不機嫌、エストロゲンという女性ホルモンのなせる技なのだ。排卵を誘発するホルモン、エストロゲンは、排卵日の3日くらい前から分泌量がピークになる。脳にしてみれば、排卵の目的は生殖なので、エストロゲンは、生殖行為に至らせる言動を誘発する傾向にある。つまり、**発情している相手にからんでしまう**のだ。

からまれた男性脳のほうは、軽くパニックになり、テストステロンが分泌される。テストステロンは男性の下半身に分泌し、生殖行為をアシストするホルモンだ。

つまり、世界中のすべての恋愛映画に描かれる、「出逢ったふたりが恋に落ち、やがて何かにムカついて痴話喧嘩をしたあげく、ふたりはなるようになる」という定番のストーリーは、男女の脳が持っている生殖の基本戦略にのっとっているのである。

というわけで、たまに理不尽なことでからんできて、勝手に電話を切る、のだとしたら、こちらは愛情溢れる女性脳。**放っておかないで、かけ直してあげて。かけることばが見つからなかったら沈黙でもいい。**「どうして、かけてくるのよ！」と噛みつかれたら、「きみの声が聞きたかったから」と言おう。

理不尽なことでからまれて、ムカついているのは男性も一緒に違いないのだが、ここは考えようだ。相手は発情しているのだから、いっそ甘いセリフで落として、惚れさせたほうが勝ち。自分の立場をさらによくするための、ピンチはチャンスなのだと心得よう。

食習慣が悪い女子には要注意

ただし、この「理不尽切り攻撃」が度重なる女子は要注意だ。女性脳の質の低下は、多くの場合、鉄分、カルシウム、ビタミンB群の不足がその原因。「朝ご飯をきちんと食べていない」「動物性タンパク質が足りない」「甘いものが好き」の3点セットであることが多い。忙しさを理由にコンビニ依存していると、この傾向は加速する。こうした女子は、血糖値が乱高下して気分が浮き沈みするので、四六時中、落ち込んだりはしゃいだりし、その合間にからんでくる。

こっちのケースは、一緒にいる男性の運を下げるので（彼女といると疲れやすくなり、勘が働かなくなって出世を逃す）、本当は別れたほうが無難なのだが、どうしても好きなら、食生活を改善させてね。

Point

・女性は、理由もなく恋人に電話をかけてからんでみたくなることがあるが、それは女性ホルモンによって発情しているから。勝手に切られてもかけ直して、甘いセリフを言ってあげよう。

case 14

「だから、言ったじゃないの」と口うるさい

処方箋

「本当だね、きみの言った通りだった」と、にこやかに白旗をあげよう。

段取りのいい女性の口癖

「だから、言ったじゃないの」は、**男性が女性に言われてキレることばの筆頭のひとつ**。私の友人の犬でさえ、痛い思いをしたときに、飼い主が勝ち誇ったように言うこのことばに逆上していた（苦笑）。

なので、**このことば、女性たちは封印したほうがいい**。とはいえ、このセリフが出たときの女性脳を解説しておこう。

前にも述べたように、女性脳は、察する天才である。男性が危険に気づくはるか以前に、女性はさまざまなリスクに気づき、リスクヘッジをしている。さらに、右左脳の連携のいい女性脳は、感じたことをどんどん顕在意識にのせて周囲を回していくので、段取りのよさも天下一品だ。

たとえば、買い物中ならその日の特売品に合わせてメニューを頭の中でくみ上げながら、トイレットペーパーの前を通り過ぎれば、残り2巻しかないことに気づいてすかさずカートに入れる。友達に会えば、楽しくおしゃべりもするが、そのおしゃべりの裏で「今日は娘のピアノの月謝を払わなきゃならないから、レジで1万円札を崩そう」なんて算段している。

こんな女性脳からしたら、男性たちは、あまりにも段取りが悪い。

なので「これは、こうしたほうがいいわよ」『早めにやったほうがいい』「申し込みは○日までだからね」などとアドバイスをするのだが、多くの場合、勝手に脳裏によぎったときに言うので、相手にとっては唐突で、聞き入れやすいタイミングでないことも多いために、「余計な指図」として聞き流されてしまうのである。

女性にしてみれば、珠玉のアドバイスを何度もしたのに、聞き入れない男性たち。親切を無にされた虚しさをひしひしと感じてしまうのだ。

やがて、彼らが危惧した通りにトラブルに見舞われたら、「ほ〜ら、ご覧。だから言ったじゃないの」と、鬼の首を取ったような気持ちになるのは、ある意味致し方ないことかもしれない。

男性にしてみれば、痛い思いをしたところに「だから、言ったじゃないの」という辛辣なことばが追い打ちをかけるので、ムカつくことこのうえないだろうが、ここは大人になって「本当だね、きみの言った通りだ」と認めてしまったほうが得だ。

彼女は、長い間のうっぷんが晴れて気分がよくなる。調子に乗って、あれもこれも罪の上乗せをしてくるかもしれないが、「ハイハイ」と聞いておけばいい。いろいろ言っているうちに気分が晴れれば、痛い思いをした恋人や夫がかわいそうになり、そのトラブルの対応に全力を注いでくれるに違いない。

女性に大切にされると出世する

そうまでしても、この本の読者の男性には、周囲の女性に大切に思われてほしい。何せ、女性に大切に思われることは、存外大事なのである。前にも述べたが、女性脳は「本人も気づかないうちに、大切な人のわずかな変化に気づいて、知らず知らずのうちにリスクヘッジしている」脳なのだ。

「女性の部下に大切に思われていない男は出世しない」とは、金融業界の常識だそうだが、ほかの業界でも多くのビジネスパーソンが口にする。

また、「私は、自分の出世なんか興味がない。上司を男にしてあげたいと思っているだけ」という女性は、男性が想像しているよりはるかに多い。エグゼクティブの女性が、経営トップに対してそう思っているケースはほぼ100パーセント。新人の女子だって、自分の直属の上司に恥をかかせたくなくて、失敗しないように頑張っているのである。妻や母である女性のそれは、計り知れない。


でも、ときには例外もある。

もしも、「本当だね、きみの言う通りだった」と声をかけてあげたとき、「調子に乗って、男性を貶めておしまい」の思いやりのない女性なら、底意地が悪すぎる。

「だから、言ったじゃないの」は段取りのいい女性の口癖だから、これだけで逆上するのはもったいないが、「本当だね」に対して思いやりがない女性には逆上していい。

まだ選択の余地があるなら、できれば一生の伴侶には選ばないほうがいい。

Point

・段取り上手の女性脳の口癖には、大人の対応で「きみの言う通り」と認めてしまうのが得策。
・無意識のうちにリスクヘッジを行う女性脳に大切にされることも大事と心得よう。

case 15

何度もあやまったことなのに、過去を蒸し返す

処方箋

「つらい思いをさせたね」と、言い続けよう。

過去の出来事を再体験できる女性脳

前に述べた通り、女性は、過去の関連記憶を一瞬に想起する。何か悲しい思いをすれば、過去の悲しい思い出が、繰り返し脳裏によみがえる。

男性にしてみれば、もうあやまったこと、今さら取り返しがつかないことを繰り返し蒸し返されても釈然としないはず。しかし、**感情をキーに引きずり出される思い出は、脳にとっては毎回「今、起こったこと」のように臨場感たっぷりに展開されるので、新たな経験をしたのとほとんど変わらない。**つい、「あのとき、あなたは、ひどいことをした」と言わずにはいられないのである。

私の父は、私の母から、私の出産にまつわる「ひどいこと」を、30年にわたって言われ続けていた。

私の母は、私を帝王切開で産んだのだが、明治生まれの姑には帝王切開に対する理解が足りなかった。開腹大手術の後の身体にもかかわらず、「お産は病気じゃない」と言われて無理をすることになり、産後（術後）16日目に倒れてしまったのだ。

産後間もないのに、痛みを抱えて立ち働く嫁を尻目に、小姑たちと夫は座敷に座ったままご馳走を食べ、何もしてくれなかった。信州の極寒のお正月のことである。

私自身、そのときの母の痛みや惨めな気持ち（実家の母親をすでに失い、お産に帰る家がなかった）を考えると、過ぎたことながらかわいそうでしょうがない。父も本当に、心から若き日の母を気の毒に思い、反省もしていた。

しかしながら、事あるごとにこれを蒸し返されると、父も、そう何度も素直にはあやまれない。「おふくろに、お産は病気じゃないと言われて信じてたんだから、仕方ないじゃないか。それに、何度もあやまったろう」と声を荒げることもあった。

ところが、母はあるときを境に、ぷっつりとこのセリフを言わなくなった。きっかけは、私のお産である。

母は「娘には絶対に惨めな思いをさせない」と宣言して、出産で実家に帰った私に本当によくしてくれた。いよいよ産気づいたとき、両親ともに私の傍にいてくれ、陣痛の度に父が腰をさすってくれてなんとかしのいだのだが、その父がふとこうつぶやいたのだった。

「お産の大変さは、男の想像をはるかに超えるなぁ。あの日、傍にいてやれなくて、本当にかわいそうだった。やすこにはつらい思いをさせた」と。

父のそのことばは、母の心の中にあった氷の塊を解かしたようだった。その後、母の口から、産後の仕打ちについて蒸し返されることは、もうなかったのである。

何度も蒸し返されることの罪の大小はきっとそれぞれなのだろうが、何にせよ、女の口から何度も蒸し返されるうちは、きっと男の反省が足りないように見えているのだと思う。

本当に心から溢れるように出てきた同情のことばだけが、女性の心の中にある氷の塊を解かすのに違いない。

蒸し返される度に、「つらい思いをさせたね」と声をかけていくのにも効果があるが、できれば、**蒸し返されたその場ではなく、別の場面で、自発的に同情と反省のこ**

とばを口にしよう。

Point

・過去の記憶を一瞬にして思い出す女性脳は、10年前のつらかった出来事も、5年前の悲しかった出来事も、今起こったことのように再現される。

・過去を何度も蒸し返されても、その度ごとに心からあやまろう。

case 16

突然、泣き出す

処方箋

妻や恋人なら、
まずはそっと手を取って見守る。
次に困惑したように抱きしめよう。
仕事仲間なら、見て見ぬふりが基本。

素晴らしい涙の効用

涙と脳は、じつは、切っても切れない関係なのである。

情動で流す涙（潤いのための涙や、目にゴミが入ったりして流す涙ではなく）には、ロイシン・エンケファリンと呼ばれるホルモンをはじめ、神経中枢に直接働きかけるホルモンが含まれている。

ロイシン・エンケファリンは、脳神経回路の極度の緊張を和らげ、恐怖感からの解放、鎮痛などの効果を持つ「脳内麻薬」と呼ばれるホルモンの一種。さらに、モチベーションの向上、抗うつ、成長ホルモンの分泌促進などの効果もある。

つまり、**涙は、極度の緊張にさらされた脳神経に直接働きかけ、リラックス効果をもたらす神経系の鎮静剤のようなもの**。だから、精神的なパニックになったとき、激しい痛みにさらされたとき、人は泣くのである。その脳神経回路に生じた、極度の緊張を和らげるために。あるいは、痛みを和らげるために。

しかも、モチベーションを上げ、成長ホルモン（成長後は新陳代謝の立役者）が促進されるので、**わっと泣いた後には明日に向かって歩き出す気分になり、翌朝はお肌の調子もいい**（のかもしれない）。

この文章を書いていたら、映画『風と共に去りぬ』のラストシーンを思い出した。夫に去られた主人公のスカーレットが、激しく泣いた後、清々しい顔で立ち上がり、「After all, tomorrow is another day.（明日は明日の風が吹く）」と言い放つシーンだ。この劇的な効果こそが、ロイシン・エンケファリンの鎮静効果。涙の効用だ。

そう考えると、赤ん坊の夜泣きにも意味がある。

眠っている間の脳は、起きている間の出来事を何度も再生して確かめ、知識やセンスを抽出して神経回路に書き込む、いわゆる「学習」をしている。赤ん坊は、地球上に降り立ってから間がないので、あらゆることが刺激になり、眠っている間の神経活動も半端じゃない。このため、ときに脳神経がストレスフルになり、それを鎮静化するために夜泣きをすることになる。

泣くとふわりとした快感が訪れ、モチベーションが上がるので、その後の「学習」はいっそう効果が上がる。さらに成長ホルモンが促進されるので、身体も成長する。

新米パパ、ママは赤ん坊の夜泣きには困惑するだろうが、この涙が脳の発達を助け、身体の成長も助けているのだとわかったら、うんざりせずに付き合えないだろうか。

私は、脳科学を学ぶ母親として、自分の息子の夜泣きには彼の脳の発達のため、ととことん付き合った。おむつを替え、痛そうな場所がないか、衣服がよれたりチクチクしたりしていないかを確かめ、おっぱいをあげても泣きやまないときは、真夜中の人のいない通りに出て、泣き終わるまで泣かせてあげた。

夜泣きをする期間はそう長くない。今では、夜中の神社で生後間もない息子と抱き合って過ごした時間は、至福の思い出である。

女の涙にもわけがある

さて、女の涙も、神経系のパニックの果てに、溢れ出てくるものだ。

女性脳は、右左脳の連携がよく、自分の気持ちや体感が逐次顕在意識に上がってくるため、パニックになりやすい傾向がある。「私、悲しいかも。あ〜、悲しいんだ。うわ、悲しいっ、どうしよう」と、自分の感情を増幅させてしまうのである。

何か事が起こったとき、自分の感情をほとんどシャットアウトして状況認識とその対処にだけ集中する男性脳にしてみれば、女が泣き出す瞬間は、その脳で何が起こっているのか想像もつかず、本当に困惑する。

しかしながら、感情増幅もまた、「もの言わぬ赤ん坊の微細な変化に対応するため」の女性脳の基本機能だ。女性たちも止められない。

仕事の現場では、自分の感情を増幅させるわけではないが、神経信号が過剰に起こってパニックに陥ることがある。察する天才にして、臨機応変力の高い「一を聞いて十を知る」女性脳は、男性脳向けの入力に対してオーバーヒートしてしまうことがあるのだ。

つまり、男性の部下にするような隙のない、畳み掛けるような指示や叱責をすると、若い女性脳は過剰信号によってパンクすることがある。そのとき、女性の瞳からは神経信号を鎮めるための「涙」が溢れることになる。

というわけで、武士の情けで、**職場で女性が期せずして流す涙は「心の汗」と捉えて、どうか気にしないで**。見て見ぬふりをしてくれるのがありがたい。あなたが佐藤浩一風のイケメン部長なら、「ばかもん。心の汗を拭いてこい」と声をかけてあげてもいい（微笑）。

ちなみに、女性への指示や叱責を、男性社員へのそれと変える必要はない。一〜二度、パニックを乗り越えれば、脳が慣れて平気になる。

男性上司がたまに若い女性部下を持つと、彼女の揺れる感情にビビって遠巻きになりがちだが、その必要はない。というより、遠巻きは、ぜひやめてほしい。男性と同じように叱って、結果流される涙には動揺しないこと。それを乗り越えてこない女性はほとんどいないし、乗り越えられなかったらビジネスシーンにいる権利がない。


プライベートな関係の女性が涙をこぼしたときは、そっと手を握って、見守ろう。

あなた自身に腹を立てているときは、この手を振り払うかもしれないけれど、そのときは無理強いせず、**ただ傍にいればいい。邪魔をしないで、ある程度の量の涙を流させることが大事**だ。

彼女が歩き出したら、一緒に歩いてあげよう。ただ、脱兎のごとく走り出したら、追う必要はない。ひとりになって、落ち着きたいのだから。

くれぐれも、「泣くなんて卑怯じゃないか」とか「うざいなぁ」と思わないであげてほしい。たまには、泣いて事を済まそうという卑怯な女性もいるだろうが、多くは、本当に神経系のパニックで、涙を溢れさせたのだ。

男性脳的には「この状況で、なぜパニック?」と感じるかもしれないが、女性脳は、些細なことを増幅させてしまう増幅器。ときには、女性本人の制御も不能になる。

女性があなたの前で泣く以上、どんな深刻な事態でも、あなたに対してなんらかの情がある。すっかり情がなかったら、涙も出ない。涙を流す女性を、どうか、疎ましがらないで。

Point

・女の涙は神経系のパニックで溢れ出てくるもの。手を握りながら見守って、ある程度の涙を流させてあげよう。

・ビジネスシーンでの女性の涙は「心の汗」と捉え、見て見ぬふりを。

case 17

行き先や帰宅時間を尋ねたら怒り出した

処方箋

「心配するだろ？」と優しく声をかけよう。

専業主婦に多い逆ギレパターン

これは、専業主婦の方に多いケース。とくに、定年退職後ずっと家にいる夫に、外出の度に「どこに行くのか」「何時に帰ってくるのか」「俺のご飯は」と聞かれると、うんざりするあまりに逆ギレする妻もいるとか。

専業主婦は家にいるものという固定観念がまだまだ強いこの国では、**外出することに罪悪感を禁じ得ないという専業主婦はとても多い。行き先や帰宅時間を質《ただ》されると、その罪悪感が刺激され、つらくてたまらなくなる。**夫が、自分の外出をよく思わない、質問によって非難している、と感じるのだ。

夫のほうは、別に外出を責めているわけじゃない。単に、帰宅時間を聞いて、そこまでの時間の使い方の俯瞰をしたいだけなのだが……。しかし、このストレスは意外に深刻で、夫の定年退職から3年目、専業主婦の心疾患の死亡率が上がるというデータもあり、気のせいでは済ませられない。

そんなわけで、**奥さまが罪悪感のあまりに逆ギレしたら、「心配するだろ？」と優しく声をかけてあげてほしい**。できれば、どこかで一回「きみが外出することは、かまわんよ。自由にやるから」と、明確に外出応援宣言をしてあげたらいい。

「いつもと一緒」が安心する男性脳

夫婦問題を扱うカウンセラーの方は、「外出する妻に、行き先や帰宅時間を聞くな」と言うのだが、男性脳にとって、それは酷だ。

男性脳は、イレギュラーを嫌う。突然の出来事や先のわからない事態は、男性脳の神経を痛めつけるのだ。

長らく狩りをしてきた男性脳は、遠くから飛んでくるもの（敵にしろ、獲物にしろ）に瞬時に照準を合わせるために、**身の回りを「定番のもの」「定番の事態」で固めておく性質**がある。机の上を勝手に片付けられると、しばらく脳が混乱したりするくらいに、身辺が「いつもと一緒」であることが大事なのだ。

女房の気分も一定であることがありがたい。不機嫌な女房なら、いっそいつも不機嫌なほうが落ち着くくらいだ。行きつけの床屋や飲み屋も簡単には変えない。

そんな男性脳にとって、今日は家にいるものと思っていた妻が、急にストッキングを履いたり、口紅を塗ったりしたら不安でしょうがない。行き先や帰宅時間を聞かずにはいられないのだ。前もって外出することがわかっていれば、男性脳も不安にはならないのに。

というわけで、私は、定年退職後のご夫婦にお薦めしていることがある。スケジュール確認の定例ミーティングだ。

月曜日の午前中とかに、1週間のスケジュール感を伝えたらいい。「月曜日はお友達とランチ、火曜日は美術館、水曜日はいつものようにダンス教室、木曜日はいつものようにイタリア語、土曜日は読書会ね」みたいに。さらに、行き先と帰宅時間を、大きなカレンダーやホワイトボードに書き込んでおけばいい。夫が会社で見慣れてきた「行き先予定表」を作っても楽しいかもしれない。

そのうち**「妻は飛び回っているもの」というのが定番になれば、夫の脳も落ち着く。**

妻がキレるとき、夫に責められていると勘違いしているケースは意外にある。真面目な主婦ほど、それが強く出る。

「今日のおかず、これだけ?」と聞かれて逆上したというケースも聞いたことがある。夫の側は、単に事実を聞いただけなのに(ご飯とのバランスをとるために)。こういうケースは、「責めてるわけじゃないよ」となだめてあげて、似たようなことはもう言わない、が正解かもしれない。

長らく身を粉にして働いてきてリタイア後はゆっくりしようと思ったら、家でつんけんされるなんて、なんとも切ない出来事だけど、妻にしたら「夫が出かけた後は、自分の天下」だった家を、夫とシェアすることになるわけだ。

働いてきた主婦は、ここがおおらか。「あなたが家にいるから、安心して出かけられるわ」とにっこりしてくれる。男性にとってはキレられるより、そのほうがずっと楽でしょう?

でも、つんけんしてキレてくる奥さまのほうが、「夫を大事にしなければならない」という思いが強いのである。キレる妻をお持ちの方は、そのあたりをわかってあげていてほしい。

Point

・外出時に行き先や帰宅時間を聞かれると、責められていると思い込む専業主婦の方も多い。「責めているわけじゃない」ことを伝えよう。
・イレギュラーを嫌う男性脳のために、1週間単位でお互いのスケジュールを確認し合うとよい。カレンダーやホワイトボードに書き込む方法も。

case 18

「みんな、私が悪いのよね」と逆ギレする

処方箋

「ごめん、言いすぎたね。責めてなんかいないんだ」とあやまろう。

とっさに被害者意識が働く女性脳

何かトラブルが起こったとき、その原因を客観的な立場で究明するのは男性脳の基本機能だ。一方、**何かトラブルが起こったとき、つい被害者の気持ちになってしまうのが、女性脳の基本機能**である。

このため、「あのとき、きみがこう言ったから、こんな行き違いが起こったんだよ（次は言い方に気をつけようね）」というニュアンスで言ったことばが、「あのとき、きみがこう言ったから、こんな行き違いが起こったんだよ（お前が悪いんだからな）」というニュアンスで聞こえてしまう。

女性としては、いきなりトラブルの犯人にされてしまったので、びっくりする。そうして、とっさに身を守るために、「ああ、そう。みんな、私が悪いのね。いっつもそう。いつだって、私が悪いんだから」とひねくれまくることになる。

これは、脅かされてパニックになっている小動物と一緒（そんなふうにかわいくは見えないかもしれないけど)。男性側としてはちっとも悪くないのだが、**機嫌をなおしたいと思うのならば、まずは安心させてやるしかない。**

というわけで、「ごめん、言いすぎた」の登場である。

ところで、何かトラブルが起こったとき、とっさに被害者意識が発動するのは、女性が「哺乳類のメス」だからだ。

哺乳類のメスは、妊娠・出産・授乳の期間中、赤ちゃんとこどもも社会的には大変な弱者になる。自分と赤ん坊を守るために、**女性脳には〝何か事が起こったら、とっさに被害者意識が働き、「自分の状況」を真っ先に考える〟ようにプログラミングされている。**殻に閉じこもって保身態勢に入り、口を利かなくなる女性もいれば、かたくなになって、〝口撃〟に出る女性も多い。

「自分の状況」がクローズアップされるせいで、公平なジャッジに基づくアドバイスでさえも受け入れがたいことがあり、夫や恋人など、自分を守ってくれるはずの相手に対しては、とくに強くその傾向が顕れる。なので、**このひねくれた態度こそが、あ**

なたを愛している証拠かもしれない。耐えがたきを耐え、「ごめん、言いすぎたね」とか「責めてなんかいないんだ」くらい言ってみよう。

だからアンフェアで我が強い

非常に残念なお知らせだが、女性脳は、生来フェアになんかできていないのである。生物学上、精子を提供すれば終わりの男性と違い、自らが健やかでなければ、また、生活空間内で優遇されていなければ、ちゃんとした種の保存がかなわない女性の脳は、基本、「自分のこと」を最優先に意識するように作られているからだ。

女性が、自分のことより他人のことを思ったり優先したりするときは、公平性のなせる所以ではなく、優しさや母性のおかげである。

これは、女性脳はフェアじゃないからダメという話ではない。哺乳類のメスたちはアンフェアじゃないと生き残れないのである。しかも、そのアンフェアさで、大切なものたちのために、男性脳とはまた別のリスクヘッジをしたり、斬新なアイデアを出したりしている。つまり、女性脳のアンフェアさは、結果的に社会のためでもある。

男性たちは、トラブルが起こったときの我の強さだけを見て、「女は厄介」と言うが、**女性脳がアンフェアで我の強いおかげで、あなたは無事に育て上げられたのだし、家族の期待を受けて、今も頑張れているはず**だ。

それに、少なくとも新婚3年目くらいまでは、そこがかわいかったはず。毒を食らわば皿まで、だ。あなたの大切な女性脳が「みんな、私が悪いのよね。いっつもそう！」と涙ぐんだら、悪くなくても、あやまってあげよう。

なぜ女は昇進を拒むのか

さて、とっさに「自分の状況」が脳裏に上がる女性脳。これは、生来持つ直感的な機能なので、止められない。このため、ビジネスシーンでも、これが仇になるときがある。

たとえば、急な残業を言い渡されたとき、女性はとっさに自分の都合が脳裏に上がるので（美容院の予約とか、家族との約束とか）、とまどったり、ちょっと引いたり、ときには「勘弁してよ」という表情になることがある。男性は、とっさには自己都合が浮かばないので、この「とまどい」に少し違和感があるかもしれない。これが、男性上司が女性を扱いにくいと感じる無意識の原因のひとつでもある。

もちろん、女性たちも、社会人として自己都合はなるべく調整して、結局は残業を受け入れたりするのだが、とっさのとまどい顔は、意外に上司の心に残る。仕事に熱心でない印象として。結果、誰よりも働いているのに、いまいち評価が低い「とまどい顔」系の女性たちを見ていて、これは不利だなぁと思ってしまう。

そして、普段は「とまどい顔」をしないデキる女性相手であっても、**責任のある仕事や、昇進を言い渡すときには気をつけて。「きみならできる」は言ってはいけない。**

女性が昇進を言い渡されたとき、とっさに脳裏に浮かぶのは誇らしさよりも先に、自己都合である。これは、生理的反応なので、本当に仕方がない。

子どもが熱を出したのに、ひとり家において出社しなければならなかった日、家族の約束を守れなかった日……そんな思い出が走馬灯のように脳裏を巡り、もっと責任が重くなったら家族を支えきれないかもと、一瞬、途方に暮れるのである。独身の女性なら、これで完璧に結婚や出産のチャンスを失うかも、と途方に暮れるかもしれない。

もちろん、後から誇らしさは追いかけてくるのだが、最初の第一波は、この「途方に暮れる」なのだ。

その、ドン引きの顔を見て、男性上司は「自信がないのか」と思い込み、「きみならできる」と太鼓判を押してくれる。

いやいや、デキる女性は、仕事に不安なんか感じていない。仕事はできることはわかっている。不安なのはプライベートのほうなのだ。「きみならできる」と言われたら、「なんの根拠があって？」と聞き返したい気持ちになり、ときには「あ～、この人は、私がどんなに苦しい思いで家庭を犠牲にして会社に尽くしているか、全然わかっていないんだなぁ」と絶望してしまうこともある。

なんて話を、とあるメーカーの女性プレ管理職教育でお話したら、「私、先週、海外への単身赴任を打診されたんです。家族のことを考えて答えに窮していたら、『きみならできる』と言われて。『なんの根拠があって⁉』と、ホントに聞いちゃいましたよ」とおっしゃった方がいた。

こういうときは、**「きみしかいない」と言うしかない。日々を戦い抜いてきたデキる女性たちを、「途方に暮れた場所」から救い出す、魔法のことば**だ。

「きみしかいない。この部を頼むよ、支えてやってくれ」と言われれば、大いなる母性を発揮して、女性はその責任を背負い込む。別にちやほやしてほしいわけじゃない。「途方に暮れる」という生理反応から、立ち直るきっかけが欲しいのである。

安倍政権の2030（2020年までに女性管理職を30パーセントに増やす）を受けて、優良企業各社は女性管理職を増やしたいのだが、女性たちのほうが乗り気でない、という報告を各方面から聞く。

昇進を言い渡した直後に会社を辞めると言い出したという、男性から見たら、まったくわけがわからないケースもひとつやふたつではない。2009年刊の『なぜ女は昇進を拒むのか』（スーザン・ピンカー著）という本の中では、昇進を持ちかけられた女性の約４割が辞退しているというデータが紹介されていて、アグレッシブに見えるアメリカの女性たちでも？　とびっくりしたことがある。

こういうことが起こるその原因が、昇進を言い渡された女性たちの「途方に暮れる」を男性が理解していないせいだとしたら？

男女の脳の感性のミゾは、意外に深く、意外に大きい。

というわけで、男性たちの、目の前の女性の不機嫌への理解は、世界を変えるかもしれない（微笑）。

Point

・何かトラブルが起こったとき、被害者意識が発動するのが女性脳の特徴である。「ごめん、言いすぎた」と言って、安心させてあげよう。

・女性がビジネスで責任ある仕事を任されたとき、真っ先に脳裏に浮かぶのは自己都合。「きみならできる」ではなく「きみしかいない」と言いきろう。

Part 2

男性脳と女性脳はなぜこんなに違うのか

1 男女脳の違いを知れば〝女の不機嫌〟の理由がわかる

女性脳のトリセツを読んで、「なるほど」と納得していただけただろうか？　それとも、わかればわかるほど、やっぱり女性は厄介だろうか？

でもこの本を手に取り、ここまで読んでくださったということは、その面倒（だけど大切）な女性と、なんとかうまくやっていきたい、仏頂面や泣き顔を、できることなら笑顔にしたいと願っているからですよね。

ここからは、なぜ男性にとって、女性の気持ちを理解するのがこれほど難しいのか、どうしてこんなに気持ちがすれ違ってしまうのかを、脳の機能の面から詳しく解説してみたいと思う。

女性の不機嫌の原因は、彼女たちから見た男性の思いやりのなさ、無神経な言動、口下手や気の利かなさなどがほとんどだ。しかし、それらは、あなた自身の人間性の問題ではなく、**ほとんどが脳の認知能力の違いからくるもの**。

だから、男性脳と女性脳の認知能力の違いがわかると、女性の不機嫌のわけも、それに対するそれぞれの処方箋も、ストンと腹に落ちてくるはずなのだ。

そして、「わがまま」「理不尽」ときに「不条理」とさえ感じる〝彼女のさまざまな不機嫌の理由〟の根底にあるのは、ただひとつ。**「あなたのことが大好きで、大好きなあなたから大切にされたい」という思いだけ**、ということに気づくだろう。男性には、ぜひこのことを知っておいてもらいたい。

そんな女性脳の仕組みがわかれば、彼女の不機嫌も、ちょっとだけ愛しく思えてくるのではないだろうか。

さらに言うなら、女の機嫌のなおし方をマスターできれば、そもそも女性が不機嫌になる隙を与えない〝究極のいい男〟になれる（かもしれない）。

2 「男の「気持ちいい」と女の「気持ちいい」はこんなに違う

同じ言語でコミュニケーションしている男女は、基本的に自分の気持ちは相手に通じている……と信じている。「でもこれ、もしかすると、ちゃんと通じていないんじゃないの？」と、私が気づいたのは、大学卒業後に勤めたコンピュータ・メーカーでの研究中のことだ。

当時、配属された人工知能開発プロジェクトのミッションは、人とロボットとの対話の研究。人間の意図を察して、人に寄り添うように動くメカには、まず人間のことばを理解してもらわなくてはならない。人は対話でどのように満たされていくのかを解析する中で、男性と女性では、満たされる対話、すなわち好みの対話のスタイルが違うことがわかってきたのだ。

気持ちいいと感じることばの種類が違うし、察してほしいことも違う。そもそも対話の目的自体が大きく違っているのである。

突きつめれば、男性向けの対話エンジンと、女性向けの対話エンジンは別の設計をしなければならない。そうでなければ、ロボットは人と幸せに共棲できないという結論に達し、これは大事だと気づいたのである。

しかも、それはことばだけではなかった。五感から入ってくる情報だって違う。

たとえば、人の目は光の三原色に対応する三種類の色覚細胞を持っていて、赤・緑・青の組み合わせですべての色を認識する……とされているが、女性の約半数は、三原色でいう赤の領域に当たる光を二種類（つまり四原色）に分別する。

色合いで言うと、紫の領域に当たり、三原色色覚者の男性には見えない「紫色」が見えると言われている。

つまり、女性はピンクから紫へのグラデーションに対して繊細なのだ。このおかげで、もの言わぬ赤ん坊の顔色の変化を見逃さず、食べ物の腐り具合を見分けることもできる。そして、男性にはほとんど見分けのつかない〝新しい口紅の色〟について「いつもつけているのとは全然違うじゃない！　ホントに私のこと見てないよね！」などと、当然のごとく怒ったりもする。

また、音の認知周波数も女のほうが広い。だから、キーンという高音を非常に不快に思う女性は多いが、男性はそれほど気にしない（小学生の頃、黒板を爪で引っかいて、女子に悲鳴をあげさせていた男子は反省してね。女子にとって、黒板を引っかくあの音と感触は、本当に耐えがたいものなので）。

さらに、味覚の感度・皮膚の触感の感度も違うことが判明している。

つまり、**男性と女性は「脳がとっさに心地よいと感じる（あるいは不快と感じる）事象」の方向性が、まったく違っているのである。**

男女脳の違いは、こうして生まれる

前述したような男女脳の認知能力の違いは、脳梁《のうりょう》と深く関係している。脳梁とは、脳の中央にあり、右脳と左脳の脳神経細胞（ニューロン）をつなぐ神経細胞の束のこと。一般的に右脳は潜在意識の範囲にあり、空間認識とイメージの領域、左脳は顕在意識に直結した、ことばや記号の演算領域と言われている。

脳梁は、右脳（潜在意識、感じる領域）と左脳（顕在意識、考える領域）をつないでおり、情報処理器官としての脳の「主要回路」と言ってもいい場所だ。

その脳梁が、女性は男性と比べて約20パーセントも太い。つまり**女性脳の最大の特徴は、右脳と左脳の連携がいいことにある**。感じたことがすぐに顕在意識に上がるので、「美味しい」「嬉しい」「かわいい」「寂しい」「ひどい」などといった感情がその場でことばとなって溢れてくる。

だから、**今日の出来事や今の気持ちを、とりとめもなく話し続けることに心地よさを感じるし、こうして得た「とりとめもない情報」を、何十年経っても瞬時に引き出す能力を持っている**。そして、このふたつの特性が、女性の実用的で見事な臨機応変力を作り出しているのだ。

また、目の前のものをなめるように見て、わずかな変化すら見逃さないのも女性脳の特徴。この高い〝察し〟の能力によって、赤ん坊を無事に育てることができるし、夫の表情のちょっとした揺らぎから、浮気を見抜いたりもする。

一方、**右脳と左脳の連携がよくない男性脳は、感じたことがなかなか顕在意識に上がらない。**男同士で食事しながら、「この焼き鳥、ジューシー」だの、「口の中でとろけそう」だの、「こんなに美味しいものを食べられて幸せ」だのといった会話を、普通はしない。それは、ことばにする前に右脳のイメージ処理の領域で、ものごとを無意識のうちに整理しているからだ。

また、空間認識力の高さは男性脳の大きな特徴だが、これも右左脳の連携が悪いことに由来する。

私たち人間は、左右一対の感覚器を持っている。耳、目、手足がそれだ。左半身から入ってきた情報は右脳が、右半身から入ってきた情報は左脳が受け止める。感覚器が左右一対になっているのには、理由がある。ふたつの情報の差分から、三次元情報を算出するのである。

たとえば、目に映った画像は、そのままではかなり平面的な画像なのだそうだ。それを脳が、右目に映った画像と左目に映った画像の差から、奥行きや高さ、質感などの情報を算出し、三次元画像を作り上げる。

右左脳の連携が悪い男性脳は、左右の感覚器の情報差分が鮮明なので、生まれつき奥行き認識が得意だ。生後8カ月の男児で、地上3メートルの仮想視点（バードビュー）を持つと言われている。

このように**空間認識力が高く、ものごとを俯瞰できる男性脳は、結論からものが言えるし、モノの構造を理解するのにすぐれている**。地図を読んだり、機械を扱ったりするのが上手なのも、脳の仕組みによるところが大きい。

半面、身近にあって、動かないものはよく見えていない。結果として、妻や彼女から「冷蔵庫に入っているバターを出して」と頼まれても見つけられず、結局「ここにあるじゃない！」とあきれられたりするのだ。

また、男性諸氏は自分で気づいていないかもしれないが、しばしば、ぼうっとしている（ように見える）ことがある。

じつはその間に、**右脳の空間認知領域を作動させ、今日の出来事を整理しているの**だ。このとき、脳は左脳との交信を疎《そ》にするため、話しかけられてもすぐに反応することができない。しかし、女性は、「ぼうっ」の最中に男性の脳内でそんな大事なことが行われているとは知る由もない。

息子に「ぼうっとしていないで、宿題しなさい！」と小言を言い、夫に「そんなに暇なら手伝ってよ！」などと毒づいてみたくなるわけだが、これは大きな間違いなのだ。充分にぼうっとさせてやらないと、息子は大成しないし、夫は出世しない。

女性のおしゃべりは相手に対するサービス？

さて、もうひとつびっくりすることを教えましょう。**共感を大切にする女性にとって、とりとめのないおしゃべりは、好意を感じる相手に対する〝サービス〟でもある**のだ。

そう、妻や彼女があなたの顔を見るなり今日の出来事を話し始めるのは、あなたが大好きで、喜ばせたいと思っている証拠。逆に言えば、あなたがほとんど口も利かず、パソコンやゲームばかりしていたら、妻や彼女から愛情がないと見なされても仕方ないのである。

とはいえ、空間認識力が高く、目的に向かって進み、目的を達成することに快感を覚える男性脳にとって、ゴールが見えない〝とりとめのない会話〟は苦痛なだけ。「この話の目的（ゴール）はどこ?」「いくつのポイントがあって、きみは今、いくつ目を話しているの?」と、イライラしてしまうからだ。

だから、大切な女性を傷つけたくないなら、つい会話の腰を折ったり、結論を急かせたりしてしまう男性脳の特徴を、きちんと知っておいてもらうのもひとつの解決策だ。愛情がないからではなく、**愛情があるからこそ、なんとか問題を解決してあげたくてそうなる**、ということを〝仲のいい時間〟に伝えておきたい。

女性のほうにも本当は、「結論から言う」&「話は短く」を心がけてほしいのだが、恋人や夫からそれを指摘するのは危険。プライベートな関係の男性は、「無制限にきみのために時間を使う」ふりをしておく義務があるからね。

そうは言っても時間がない場合は、ほどよきところで「ごめん、○○をしなきゃいけないんだ。とりあえず僕は何をしてあげたらいい？」と聞いてあげればいい。最初から結論を求めるよりも、使える時間のぎりぎりまで彼女の話に付き合って「ごめん、タイムアップ！」とあやまるほうが、女性には「話を聞いてもらった満足感」が残る。そもそも、結論を出すことが目的じゃないからね。

ここで男性諸氏に、ひとつだけ朗報を。

「あ〜、そうなんだ。それはつらいよね」と親身（風）にあいづちを打ちつつ、気持ちよく話を聞いてあげると、女の話は最短で終わるというデータがある。

女性の脳には、吐き出したい大量の感情データがあるだけなのだ。結論を急がせたり、うんちくを垂れたり、ましてや「きみも悪いよね」なんて批判系のアドバイスをあげたりするから、その「吐き出したい感情」がかえって増幅して、話が延々終わらない。

男女脳の度合いには個人差がある

ところで、男性脳は後天的に作られる。

妊娠28週目くらいまでの胎児の脳梁は、男の子も女の子と同じくらいの太さがある。それが妊娠中期から後期にかけて、男性の胎児には胎盤から男性ホルモンが供給され、その影響で脳梁が細くなる。脳梁が細くなることは、男性ホルモンが男性脳に施す人生最初の大仕事なのだ。

このような後天的な作用なので、妊娠のコンディションによっては、細くなりきらないで生まれてくる男の子がいる。そのため、女性脳並みに右左脳の連携がよい男性は一定数存在し、決して珍しいわけではない。男性社会の中で高いコミュニケーション能力を発揮し、出世しているケースも少なくない。

また、女性脳は基本的に脳梁が太めで生まれてくるが、育ち方によっては、男性脳並みに連携の悪い脳になる。気の利かない、ぼうっとした女の子。けれど、理系の才能があったりする。

さらに長じれば、**人生経験や職能教育によって、人は後天的に異性の才能を手に入れていく**。それこそが、「大人になる」「プロになる」ということだ。

そのようなわけで、**戸籍上の性と、脳の性別は必ずしも一致しない**ことも付け加えておこう。

ひとりの人間でも、時と場合によって脳の使い方が女性脳型だったり、男性脳型だったりするので、「今ここにいる彼女」の脳が、典型的な女性脳として稼働しているかどうかは本当のところわからない。たとえば、男性たちに〝いい女〟と言われる女性は、男性脳への理解度が高く、本人も男性脳型で思考する傾向がある。

けれど、**不機嫌になる瞬間はどんな女性の脳も、女性脳の典型的な信号処理になっている**。この本の本編が必要になる瞬間の彼女の脳は、典型的な女性脳だと思って間違いがない。

3 男の「恋の落ち方」と女の「恋の落ち方」はこんなに違う

前節で解説したように、男性脳と女性脳には認知の機能に大きな違いがあるため、恋に落ちるときの状況もまったく違う。

脳梁が太く、直感にすぐれた女性の恋は、「この人しかいない！」という確信から始まる。また、生殖リスクの高い哺乳類のメスは、遺伝子の相性を厳選して集中的に発情するから、恋に落ちた当初は、ほかの誰も目に入らない「あばたもえくぼ」状態になる。

女性にとって恋とは、つねにその男性のことが気にかかる状態なので、仕事をしている最中もランチを食べているときも、ふと彼のことが頭に浮かんだりする。当然、相手の男性にも同じような状態であることを求めてしまうのだ。

だから、「メールの返信が遅い」「電話をかけてくれない」「なかなか会えない」という状況は、男性が想像する以上に女性を苦しめている、ということだけは理解してあげてほしい。

一方**男性の恋は、女性ほど「この人しかいない」という確信に満ちたものではない**。生殖リスクが低く、なるべく多くの生殖チャンスが欲しい男性は、近くの女性が発情（恋）したら、つられて発情（恋）するくらいの曖昧さだ。

とくに意識していなかったはずなのに、「彼女があなたのことを好きらしい」と誰かに言われた途端、やたらと気になり出してついつい目で追ってしまい、気がついたら恋に落ちていた、なんて経験を持つ男性も多いのではないだろうか。

また、脳梁の太さ以外にも、生殖ホルモンの違いからくる脳の信号特性による性差もある。

女性には、生理周期の間に排卵を誘発するエストロゲンと、受精卵の着床を支援するプロゲステロンというふたつの女性ホルモンが交互に分泌される。

これらのホルモンもまた、女性脳に影響を及ぼしている。排卵期には、性交に至ることが重要なので、女性脳は比較的行動的、かつ攻撃的な意識にさらされる。消極的なままでは生殖のチャンスを逃してしまうため、**発情した相手には、理不尽なことを言ってからまずにはいられなくなる。これが、男性から見て「理由のわからない不機嫌」の大きな理由のひとつ**だ。

とくに理由もないのに、やたらとからんできたり、ちょっとしたことで泣き出したりしたら、それは「あなたとより親密になりたい」という女性からのシグナルかも。彼女の唐突な不機嫌にとまどったり、腹を立てたりしている場合じゃない。ふたりの愛を深めるチャンスとして、しっかり受け止めてほしい。

相性が最悪の相手に惹かれる恋の不思議

男女の関係をややこしくするのは、恋に落ちる男女が似たもの同士ではなく、生物多様性の論理にのっとって、感性が正反対の相手を選ぶこと。つまり、「この世でもっとも心が通いにくい相手」を選んで発情する点だ。

動物は、小さな昆虫から人間に至るまで、すべからくフェロモンと呼ばれる生殖ホルモン由来の体臭を発散している。そしてこのフェロモンには、異性に遺伝子情報（免疫抗体の型）を匂いで知らせるという大切な役割がある。動物たちは、生殖行為に至る前に、互いの遺伝子情報を確認しているのだ。

生殖の相性は、免疫抗体の型が遠く離れて一致しないほどいい。異なる免疫の組み合わせを増やすほど多様性が増え、子孫の生存可能性が上がるからだ。

すなわち、互いの体臭から遺伝子情報を嗅ぎとって、免疫抗体の型が一致せず、この相手とはいい生殖ができるとわかれば好意を抱く。これが恋の核なのである。

つまり、**恋に落ちる相手とは、そもそも生体としての相性は最悪、その行動は理解に苦しむ相手**ということになる。

この恋における反応を知ったとき、「なるほど……」となってしまった。何しろ、夫は私の知っている男性の中でもっとも謎の男だからだ。何か事を起こすとき、彼がこだわることが、私のそれとまったく一致しない。私には、なぜ、それが気になるのかさっぱりわからない。同じことばの解釈が真反対だったりする。

エアコンの適正温度は5度ほど違う。寒さに強い私の適正温度では、寒がりの彼は「うちは氷河期か」とため息をつく。一方、暑さに強い彼の適正温度では、暑がりの私が「うちは熱帯？」とため息をつくことに。かくして、我が家は、互いの部屋がもっとも離れた位置にある。また、夫は、私の歯磨き粉の絞り方が気に入らないらしく（私は真ん中からぎゅっと絞り出す派、夫は下からきれいに絞り出す派）、洗面所には、同じ歯磨き粉がふたつ並んでいる。

たしかに、夫はこの世で一番ムカつかせる男。しかし、彼に対する憧れは、結婚30年経っても、私の中にしっかり残っている。私にはない感性を持つ、謎の男だから、なんだろうなぁ。

恋をしたのは「違っている」からなのに、それに気づかず、カップルになってしばらくは「違っている」ことに傷ついていた。結婚30年を越えて、今は「違っている」ことが面白い。

男女の仲は、一筋縄ではいかないから素敵だと思う。だから、誰もが通る、「違っている」ことに傷ついている段階のすべてのカップルに、この本を読んでもらいたい。とりあえず20年ほどうまく機嫌をなおしておけば、違いを楽しめる男女になれるのだから。不機嫌の取り扱い失敗で別れるなんて、もったいなさすぎる。

女性の恋の賞味期限は3年間

さて、恋の秘密をもうひとつ。

爬虫類以上に進化した動物は、自分以外の個体が必要以上に近づくと、恐怖心に駆られてイラっとすると同時に、相手が自分に危害を与える可能性がないか強く警戒する本能がある。動物が身を守るための基本的な脳の作用である。

遺伝子をばらまくオスは、メスに対してこの警戒バリアをそんなに強く張る必要がない。むしろ、縄張りを争うほかのオスに対して発揮する。

一方、生殖リスクの高いメスのほうは、生殖相性の悪い妊娠を防ぐために、オスに対してこの警戒バリアが著しく強く働くのだ。だが、そのままでは生殖行為に至れないので、フェロモン・マッチングに成功して発情したその瞬間から、一回の生殖に必要な期間だけ、メスはその相手に対して警戒バリアを解くのである。

人の生殖サイクルは妊娠、授乳期間があるので約3年。したがって、女性は恋に落ちてから3年間だけ、相手の男性に「あばたもえくぼ」状態になる。そして3年以内に生殖に至らないと、急に相手のあら探しを始めるようになる。

恋の終わりに、女たちは「彼は変わった」と嘆くのだけれど、変わったのは、たいてい女性脳のほうなのだ。

男性は、恋の相手をひとりに絞る機能が脳の感性の領域にはないので、基本的には「来るものは、拒まず」の受動的な立場だが、警戒解除期間が切れたからといって、女性のようにいきなり相手を強く嫌うということもない。人間的に非道なことをしない限り、いつまでも情を残してくれることもある。

というわけで、**恋を成就させたかったら、女性の警戒解除期間中、すなわち3年以内にさっさと結婚してしまうこと**である。一緒に暮らし始めれば、さらに妊娠に至れば、脳はまた違うモードに入る。恋の賞味期限（あら探しをしない期間）が少し長引くこともあるし、多少のあら探しが始まっても、情が揺らがなくなる。

4 男の「愛し方」と女の「愛し方」はこんなに違う

恋に落ち、愛し合うようになってからも、男女の気持ちはすれ違う。愛し方もその表現も、男性脳と女性脳では大きく違っている。この違いのせいでできた小さなひび割れが、気づかぬうちに、修復不可能な大きなミゾとなることもある。

まず、女性の愛は「察してなんぼ」だ。なぜなら〝共感〟を心のよりどころとする**女性脳は、愛しいと思う相手に対しても、「言われる前から」「察して」「思いやり」で行動する。それが女性にとっての「愛の表現」**なのだ。

このことを理解していれば、「言ってくれればやったのに」「ちゃんと言えばいいのに」がNGワードであることは、容易に想像がつくだろう。つまり、大好きな男性から「きみの望んでいることは、言ってくれなければわからない」と言われたら、それは、すなわち「察すること＝愛すること」を最初から放棄していることと同義。察してもらえない女性は、「愛されていない」と受けとり、傷ついてしまうのだ。

しかし、女性たちにとって残念なことに、**男性脳は、目の前の細かいことを察するためになんか作られてはいない**。こちらは、大きな世界を俯瞰し、目の前のことに頓着せず、その思いを察して動揺することなく、落ち着いて普遍の仕事を成し遂げていくようにできている。だから、地の果てまで行くし、死ぬまで戦うし、ムラのない作業を延々と積み上げて大都市を作るし、精密機器も作る。

本当は、明治の偉人の妻たちのように「目の前のことに頓着しない、男らしい男」に惚れてほしいものだが、ＳＮＳが発達して、「自分の目の届かない時空」が許せない現代の女性たちには難しい。

なので、男性のほうにも、少し工夫が要る。「電球を切らさない」「お風呂にカビをはやさない」など、ひとつふたつでいいから明確なミッションを決め、彼女に言われる前に対処してあげること。一点豪華主義で大丈夫。

黙ってやると、女性たちはやってくれたことに気づかないので、「蛍光灯がちらついてきたね、週末買ってくるよ」とか、さりげなく恩に着せたほうがいい。うっかり蛍光灯を切らしてしまったら、もちろん「気づかなくて、ごめんね」を忘れずに。

ときには、甘い飴玉を

男性が女性に「きみを愛している」と言った場合、女性は24時間、どの瞬間にもその男性が「自分を最優先してくれる約束をした」と思っている。なぜなら、**女性の「愛している」は、大切な人のことをつねに最優先に考慮することだから。えこ贔屓も甚だしい脳**なのだ。

しかし、**男性脳の優先順位は女性脳の逆**。遠くの縁ほど時間を割くし、自分の楽しみと義理なら、義理を重んじる。ましてや、仕事中に恋人や家族のことを甘く思い出すことなんて、よほどのことがない限りしたりはしない。

女性は、男性が自分のことを思い出しもせず（連絡もせず）、当然のように仕事や公的な人間関係を優先する、〝男性にとっての当たり前〟にひどく傷ついてしまう。

もっとも女性も、自分との約束よりも男友達との飲み会を優先されたりするくらいで、男性の愛を測っていては自滅するだけだ。とはいえ、男性に、いつも妻や彼女を後回しにして寂しい思いをさせているという自覚があるなら、打開策も必要だ。

それが「ことばによる愛の表現」。

女性は、「私のことを愛してる?」「私のどこが好き?」などの質問に対する、決まりきった定型の答えを、飴玉をなめるように何度も舌の上で転がして楽しみたい癖がある。

こんな質問が出たときに、「そんなこと、いちいち言わなくたってわかるだろ?」とか「そういうきみはどうなの?」などと、お茶を濁すセリフで逃げてはダメ。ちゃんと愛を伝えてほしい。

「心から、愛してる」「何もかも好きだ」なんていう超ド級のセリフに、ときには「声がたまらない」なんていうピンポイント攻撃を交えて。その回答が、つねに満ち足りたものであることがわかれば、やがて聞いてこなくなる。

そんなこと、照れくさくてとても言えない……というのであれば、「ただいま」の後に、ふと「家に帰って、きみの顔を見ると本当にほっとするなぁ」とつぶやくのでもいい。

そんなひと言があれば、会話もないまま寝てしまったとしても、グースカ眠るあなたの顔が〝私の顔を見て、気がゆるんだ〟かわいい寝顔に見えてくるはずだから。

5 「別れを決める理由」は男と女でこんなに違う

男性は、妻以外に心惹かれる女性がいて外で甘い時間を過ごしても、また、妻に関心がなくなっても、簡単に別れを決めたりしない。外での恋愛が妻にばれないように細心の注意を払うのは、何も慰謝料が怖いからだけではないのだ。

以前、知り合いのラガーマンがこんなことを話してくれた。

「男は、チームメイトの中に口を利きたくないほど嫌いなヤツがいたとしても、試合が始まれば、当たり前のようにパスを出す。それは家庭でも同じ。多少妻と気が合わなくなっても、いったん家庭というチームを組んだ以上、毎日の話もするし、妻の望みもできるだけ聞いてあげる。簡単に解散するつもりはないのだ」と。

仕方なく続けるにしても、男性は、その関係を「信頼で結ばれた友情を育むモードに入った証拠であり、性衝動の隣にある恋心より深いモードへと進んだつもり」になっていたりもする。だから男性は、一度恋心を抱いた女性に対して「積極的に別れたい」と思うほど嫌いになることは、よほどのことがない限り、ない。

「その通り！」と、同意した方はやっぱり男性脳。女性は「嫌い」「ダメ」と思ったら、**チームメイトでも無視するくらいのことはする。**まして、家庭において「嫌いでもチームメイトだから、仕方ない」などとは決して思わないし、相手からもそう思われながら一緒に暮らしていきたくはない（もっとも、子どもがまだ小さい、介護の必要な親がいる、経済的な不安があるなど、仕方なく夫婦を続けている女性もたくさんいるけどね）。

それこそ、一緒にいる意味がないのだ。**女性は、「この人と一緒にいる意味」をいつも探している。「一緒にいる意味」とは、ひと言で言うと「共感」だ。**

どんなに熱烈な恋愛をしたとしても、その熱がやがて醒めてしまうことぐらい、女性にもわかっている。せめて、自分が相手に対して日々行っている思いやりからくる言動を「ちゃんとわかっていてほしい」し、「感謝してほしい」し、「優しい共感のことばが欲しい」と思っている。まったく共感し合えない相手と暮らすのは、本当にむなしいし、時間の無駄だとさえ思うのだ。

プラスとマイナスの容れものを持つ女性脳

また、これも男性脳には理解しづらいことなのだが、女性脳の情緒は、時間軸にゆったりと蓄積されていく。さらに、蓄積するためのプラスの容《い》れものと、マイナスの容れものを別々に持っている。

たとえば、プラスの情緒。それがデートであれ、記念日であれ、1週間先、1カ月先の楽しみを約束してもらえば、その日までの時間を、着ていく服や髪型、メイクまで、あれこれと想像し、思いめぐらしながら楽しむことができるのが女性脳だ（だからサプライズデートは、男性が期待するほど喜ばれないし、むしろ悲しませることさえある）。

たとえ、**なんらかの事情でその日の約束が果たせなかったとしても、その期間に積**

み上げられたプラスの感情が消えることはない。実際に洋服を買ったり、美容院に行ったりして楽しんでもいるしね。

だが、情緒を時間軸にためていく女性脳は、マイナスの感情でも同じことをする。ためてためて、ある日、我慢の限界を超えたら一気に溢れ出す。そして、いったん溢れたら、もう取り返しがつかない。

男性脳と決定的に違うのは、容れものが別々なので、いくら楽しいプラスの時間を積み上げてもマイナスの時間を相殺できないところにある。

「今月はいっぱいサービスをした」と安心していたのに、いつもなら文句を言う程度のことでキレて、「もう耐えられないから、別れたい」などと言い出すのはそのせいだ。熟年離婚を妻から切り出されるのは、たいてい、この女性脳の閾値《いきち》を超えたことが原因である。

こんな事態を避けるためには、日ごろから「どうしてあなたは、いつも◯◯するの？」「なんで◯◯してくれないの？」という〝耳にタコ〟の文句を、あだや疎かにしないことだ。

6 ビジネスシーンにおける「満足」は男と女でこんなに違う

さて、この男女脳の認知能力の違いによって、ビジネスシーンにおいても、しばしばすれ違いが起きている。

男女雇用機会均等法が施行されたのは、1986年。今から30年前のこと。均等法初期世代はすでに50代半ばにさしかかり、多くの女性がエグゼクティブゾーンで活躍しているはずである。

しかし実際は、男性に比べて女性の活躍は圧倒的に少ないし、非常に優秀であるにもかかわらず、昇進したがらない女性が増えている。才能豊かな女性たちの意欲を、まわりがキープしてやれないというのは、本当にもったいないことだと思う。これは女性のためだけに言っているのではない。男性たちのために、すこぶる残念なのだ。

なぜなら、男性脳に欠けがちな**「先の見えない事態へのタフさ」「豊かな発想力」「やりくり上手な実用性」**を持つ優秀な女性エグゼクティブは、男性たちにとって鬼に金棒であるはずだから。

女性のモチベーションを上げることば

脳梁が太い女性脳は、「自分の気持ちに照らして深く納得し、腹に落とす脳」の持ち主でもある。一方、右左脳の連携がよくない男性脳は、「自らの気持ちに照らす」のが不得意なため、客観的な指標を重要視する。

だから、仕事の成果も、昇進や報償などといった客観的な指標で評価してもらいたがる。遠くに、近くに目標を定めて実行し、客観評価してもらうと安心するわけだ。

ところが女性脳の場合、客観評価には、それほどの価値を置いてはいない。それよりも「きみのあのときの対応は見事だった。プロになったね」「きみの企画書は素晴らしかったね。よくやった」などというように、**自分が苦労して乗り越えた瞬間を**

ちゃんと見守ってくれていて、しかもことばで評価してくれる上司の存在がモチベーションを大きく左右する。女性脳は、気持ちに触れてもらうと、自分自身を認めてもらったような気がするからだ。

逆に、営業成績が一番になって成績を褒められても、男性が思うほど嬉しくはない。度重なれば「成績がよければ、ほかの誰だっていいわけでしょ？」と、虚しささえ感じてしまうのだ。

女性は褒められたいわけじゃない。わかってほしいのだ。わかってくれる人がいれば、どんなに先が見えない状況でも頑張れる。こんなタフな女性脳を活用しないのは、企業の損失だ。そういったビジネスウーマンの心意気を、どうか男性たちにわかってもらいたい。

7　女性脳に大切にされている男性は運がいい

さて、最後にどうして女性の機嫌をなおすことが、男性にとって重要なのかを話したいと思う。

繰り返し説明したように脳梁が太く、ものごとの表面をなめるように見る女性脳は、大切に思う人の顔色や体調、心の動きに鋭敏だ。

その能力は、女性自身の想像をもはるかに超える。**本人も無意識のうちに大切に思うもののわずかな変化に気づき、自然に夕飯のメニューを変えたりして、リスクヘッジしていると言われている**のだ。

熟年離婚をしたり、妻に死別されたりすると、男性の寿命が一気に短くなると言われるが、それは妻の思いやりや気遣いが、心身両面においていかに夫を支えているかという証拠でもある。

ビジネスシーンにおいても同じことだ。優秀なベテラン女性社員は、男性社員が気づかないほど、多種多様な業務を淡々と片付けていたりする。

ある経営者の方が、「女性スタッフに大切に思われている店舗は、どんなに条件が悪いところにあってもすたれない」と話してくれたこともある。女性に大切に思われること。これは、公私を問わずとても大事なことなのだ。

だから、**機嫌よく、穏やかに毎日の暮らしを紡ぐ〝いい女〟に大切にされている男性は、心身ともに健やかで、仕事もプライベートも、うまくいく。**運がいい男には、母にしろ妻にしろ仕事仲間にしろ、大切に思ってくれている女性がいる。

ゆめゆめ、女性の機嫌をあなどるなかれ。いつまでもあなたを愛する妻や彼女、そして仕事の相棒でいてもらうためにも、ぜひ本書を活用してほしい。あなた自身の運がよくなるように。

おわりに　～女自身の機嫌の保ち方

「いい女」の定義は、簡単である。その人の機嫌が安定していること。そのことに尽きる。

女の気分の乱高下は、女性脳の基本機能を低下させ、一緒にいる男性脳を殺す。

とはいえ、女性脳には、惚れた相手にだけ気分を乱高下させる癖がある。それは、恋を成就させるために、神様が与えてくれた魔法。男性脳は「わけわからん」パニックで、発情スイッチが入る癖があるからね。この世の終わりに、せめて子孫を残さなければならない本能が働くのだ。

なので、いい女のたまの不機嫌は、これはご愛嬌。艶やかな肌の上できらりと光る、小粒のダイヤモンドみたいなもの。この不機嫌を「小粒のダイヤモンド」で済ませるか、「大きな厄介事」にしてしまうかは、男性の手腕にかかっている。

本書は、その手腕を上げるための18のコツを述べてきた。いかがでしたか？

さて、一方で、女性たちにも警告せざるを得ない。

冒頭の「いい女」の定義をもう一度言おう。女の気分の乱高下は、女性脳の基本機能を低下させ、一緒にいる男性脳を殺す。

したがって、直感力が働くいい男は、気分を乱高下させる女に近寄りもしない。つまり、気分の乱高下がある女性は、自分も出世しないし、いい男にも出会えない。

女性は、自分の機嫌は、自分で保っておくべきなのだ。この「おわりに」では、女自身の機嫌の保ち方について触れようと思う。

男性脳を理解しよう

この本を読み進めてきてくれた女性は、もう、男性脳というものがよくわかったと思う。

女性がひどく傷ついていることに、男性脳は気づいてもいない。だから、私たちの「我慢したあげくの、やむにやまれぬ不機嫌」が、「突然の、理不尽な不機嫌」に見えるのだ。

男たちの脳は感情の領域で、女たちのそれのように、長い時を綿々と紡いだりはしない。逆に言えば、今この瞬間を生きる、切ない脳なのである。

女性たちが「長く、綿々と心を込めて、してきてあげたこと」を、一瞬のうちに無にしてしまう無神経な発言も、そんな大事とは知らずに言ってしまったひと言にすぎない。

女性はそれを愛情の不足と重く受け止めるが、男性脳にとっては「その瞬間、もっとも公平に見えた措置」にすぎない。それが、男性脳の癖だからだ。

逆に、男性たちは、自分が綿々としてきたことを恩に着せたり、小さなことを数え上げるようにして恨みを募らせたりは、ほとんどしない。だから男性は、女の不機嫌に立ちすくむのだ。なぜそれが起きたのか、到底理解できないから。

なのに、この本を手に取ってくれた男性たちは、その到底理解できない事態に対し、なんとか対処を試みようと決心してくれた、心優しい紳士たちなのである。

そんなわけで、男性の脳の中にない感情時間を探って、「わかってくれない」「大切にしてくれない」と機嫌を損ねるのは、もうやめよう。ないものに傷つくのは、バカバカしい。

彼と一緒にいる意味を見失うとき

もうひとつ、覚えておいてほしい。

男性は、自分に起きたことを過小評価する。このため、男は自分の人生に起きた出来事を、パートナーに話さないことがある。とくに、結果がまだ出ていない経過については、ほとんど話さない。

しかし、女性脳のほうは、結果よりも経過を重要視する脳。大切な人の、「新しいことを始めた」「心境の変化があった」なんてことは、いち早く知りたいのである。

女はそういうことを後から聞かされると、どんなに傷つくかわからない。ましてや他人から聞かされた日には、「そこまで私は、あなたの人生の蚊帳の外なのね!?」と絶望感さえ感じる。ときには、一緒にいる意味を見失ってしまう。

だって、彼のことを自分のことのように案じている女性脳なのだもの。彼に起きたことは、いいことであれ、悪いことであれ、自分に起きた一大事。なんだって、しゃべってほしい。

しかし、男たちが彼らに起きた出来事を話してくれないのは、あなたが大切でないからじゃない。彼自身が、そのことを、あなたの存在ほど大切に思っていないだけ。あなたが大切すぎて、自分に起きたことは言うほどでもない、と思っているからだ。悪いことなら事なきを得てから、いいことならちゃんと結果が出てから、話してあげたいのだ。あなたが、大切な人だから。

大切な人のことだから、何もかも知りたい女と、大切な人だから、自分に起きた些末なこと（とくに経過）は話さない男。私たちは悲しいことに、「大切に思うがゆえにしていること、望むこと」が正反対なのである。

ときには、男女でこれが逆転するカップルもいる。

女性だって、相手が大切すぎて、自分に起きた些末な（と自分が感じている）ことを話さないこともあるからだ。とくに女性のほうが地位や生活力が上の場合、女が些末だと思ったことが、男にとっては大きなことだったりするので、その感覚の差自体が男を傷つけることもある。

私たちは悲しいことに、互いに大切に思えば思うほど、その気持ちを傷つけ合って生きていく。だからこそ、愛を貫くことは美しいのかもしれない。

上機嫌の女になろう

そんな悲しさもすべて胸に納めて、女性は自分の機嫌を、自分自身でなんとかしよう。男性たちの切ない脳を、おおらかに包み込むように。

気分を左右する毎日の食事に気をつけて、男性の脳を理解しても、それでも抱えきれない気持ちがあるなら、それをともに語れる女友達を持とう。それを忘れられる趣味を持とう。男にぶつけるのは、最後の手段だ。

不機嫌を武器にする女性は格好悪い。充分に大人になってモテる人は、結局、悲しみを自浄できる、上機嫌の女なのだから。


そして、最後に再び、男性たちへ。

頑張ったうえでふとこぼれてしまった女性の不機嫌を、どうぞ、慰撫してくださいね。いい女の不機嫌は、心底悲しいことなのだから。

どうぞ、この本を参考に。

2015年夏

黒川 伊保子

著者紹介

黒川伊保子（くろかわ・いほこ）

1959年長野県生まれ。奈良女子大学理学部物理学科卒。㈱富士通ソーシアルサイエンスラボラトリにて人工知能（AI）の研究開発に従事した後、2003年に㈱感性リサーチを設立。脳機能論とAIの集大成による語感分析法を開発、マーケティング分野に新境地を開いた、感性分析の第一人者。また、その過程で性、年代によって異なる脳の性質を研究対象とし、日常に寄り添った男女脳論を展開している。その軽妙な語り口で年間100回もの講演・セミナーをこなし、テレビ、雑誌のコメンテーターとしても幅広く活躍。日本感性工学会評議員。著書に『キレる女 懲りない男』（筑摩書房）、『恋愛脳』『夫婦脳』『家族脳』（新潮社）、『日本語はなぜ美しいのか』（集英社）など多数。

鈍感な男 理不尽な女

2015年8月30日　第1刷発行

著　者　黒川伊保子
発行人　見城 徹
編集人　中村晃一

発行所　株式会社 幻冬舎
〒151-0051　東京都渋谷区千駄ヶ谷4-9-7
電話　03(5411)6215（編集）
　　　03(5411)6222（営業）
振替　00120-8-767643

印刷・製本所　図書印刷株式会社

Printed in Japan
ISBN 978-4-344-97828-7　C0095

ホームページアドレス　http://www.gentosha-edu.co.jp/
この本に関するご意見・ご感想をメールでお寄せいただく場合は、
info@gentosha-edu.co.jp まで。